essentials

essentials liefern aktuelles Wissen in konzentrierter Form. Die Essenz dessen, worauf es als „State-of-the-Art" in der gegenwärtigen Fachdiskussion oder in der Praxis ankommt. *essentials* informieren schnell, unkompliziert und verständlich

- als Einführung in ein aktuelles Thema aus Ihrem Fachgebiet
- als Einstieg in ein für Sie noch unbekanntes Themenfeld
- als Einblick, um zum Thema mitreden zu können

Die Bücher in elektronischer und gedruckter Form bringen das Expertenwissen von Springer-Fachautoren kompakt zur Darstellung. Sie sind besonders für die Nutzung als eBook auf Tablet-PCs, eBook-Readern und Smartphones geeignet. *essentials:* Wissensbausteine aus den Wirtschafts-, Sozial- und Geisteswissenschaften, aus Technik und Naturwissenschaften sowie aus Medizin, Psychologie und Gesundheitsberufen. Von renommierten Autoren aller Springer-Verlagsmarken.

Weitere Bände in dieser Reihe http://www.springer.com/series/13088

Ahmet Toprak · Gerrit Weitzel

Deutschland das Einwanderungsland

Wie die Integration junger Geflüchteter gelingen kann

 Springer VS

Ahmet Toprak
Fachhochschule Dortmund
Dortmund, Deutschland

Gerrit Weitzel
Institut für Gesellschaft und Digitales
Fachhochschule Münster
Münster, Deutschland

ISSN 2197-6708   ISSN 2197-6716   (electronic)
essentials
ISBN 978-3-658-15911-5   ISBN 978-3-658-15912-2   (eBook)
DOI 10.1007/978-3-658-15912-2

Die Deutsche Nationalbibliothek verzeichnet diese Publikation in der Deutschen Nationalbibliografie; detaillierte bibliografische Daten sind im Internet über http://dnb.d-nb.de abrufbar.

Springer VS
© Springer Fachmedien Wiesbaden GmbH 2017

Gedruckt auf säurefreiem und chlorfrei gebleichtem Papier

Springer VS ist Teil von Springer Nature
Die eingetragene Gesellschaft ist Springer Fachmedien Wiesbaden GmbH
Die Anschrift der Gesellschaft ist: Abraham-Lincoln-Str. 46, 65189 Wiesbaden, Germany

Was Sie in diesem *essential* finden können

- Einen Einblick in die Prozesshaftigkeit und Wechselseitigkeit von Integration.
- Das Wissen darüber, dass pädagogisches Handeln zum einen von pädagogischer Handlungskompetenz (z.B. interkultureller Kompetenz) abhängt und zum anderen strukturell bedingt ist.
- Praxisbeispiele in Bezug auf pädagogische Handlungskompetenz und politischer Strukturen im Rahmen des Asylbewerberrechts.

Vorwort

Integration als „human issue"

Elisabeth Hoffmann – Konrad-Adenauer-Stiftung

Deutschland ist in den letzten Jahren für eine stetig wachsende Zahl von Menschen zum Ziel von Flucht und dem Antrag auf Asyl geworden. 2015 wurden über eine Million Menschen (1.091.894) in Deutschland registriert, vom Bundesamt für Migration und Flüchtlinge wurden 441.899 Erstanträge entgegengenommen – so viele wie nie zuvor. Über 70 % der Asylantragstellenden sind unter 30 Jahre alt. Die größte Altersgruppe bei den Erstanträgen sind Kinder und Jugendliche bis 18 Jahre (137.479 Menschen), gefolgt von der Altersgruppe bis 25 Jahre (109.672 Menschen). Der Anteil junger Mädchen und Frauen ist mit gut einem Drittel der Antragstellenden nicht zu unterschätzen, wobei er – im Gegensatz zu der Zahl männlicher junger Antragstellenden – in der öffentlichen Diskussion keine große Rolle spielt.[1]

Es ist davon auszugehen, dass ein Teil der Menschen, die zu uns gekommen sind, auf lange Sicht in Deutschland bleiben werden, unabhängig davon wie viele Menschen noch kommen werden und wie einzelne Asylentscheidungen ausfallen.

---

[1]Im Folgenden werden wir den Begriff Geflüchtete und nicht Flüchtlinge nutzen, da dieser unserer Meinung nach weniger negativ konnotiert ist. An einigen Stellen ist dies jedoch nicht möglich, da es sich um politische Begriffe handelt.

Im Fokus dieser Publikation stehen die jungen Menschen selbst und ihre Bedürfnisse

Die aktuelle Forschungslage zu den Grundbedürfnissen junger Menschen zeigt: Die elementaren Bedürfnisse junger Menschen sind universal, sie gelten für junge Geflüchtete ebenso wie für junge Menschen, die schon lange hier leben. Debatten, die zwischen „Wir" und „Ihr" unterscheiden, so eine zentrale Schlussfolgerung unserer Publikation, verstellen den Blick auf das Wesentliche, auf den jungen Menschen selbst und auf das, was er für eine positive Entwicklung braucht. Unsere Publikation weist einen Weg aus dem Diskurs der Abgrenzung zwischen „jungen Geflüchteten" und „jungen Deutschen". Sie stellt die Bedürfnisse nach Sorge für das physische, mentale Wachstum (Wohlbefinden) als auch das Bedürfnis nach Förderung (intellektuell, sozial, sportlich, musisch) in den Mittelpunkt. Alle jungen Menschen dieser Welt teilen diese grundlegenden Bedürfnisse, eine Gesellschaft, die sich um ihre Erfüllung bemüht, kann der Zukunft mit Optimismus entgegensehen.

Unsere Publikation nennt konkrete Rahmenbedingungen, die junge Menschen für eine gute Entwicklung benötigen. Dringlichstes Gebot der Stunde: Aktuell muss alles daran gesetzt werden, dass junge Menschen in gemischten Wohnquartieren aufwachsen, in denen sie im tagtäglichen, selbstverständlichen Kontakt zu den neuen Nachbarn in die deutsche Sprache, in Bildung und Gesellschaft hineinwachsen können. Hier liegt der Schlüssel für eine zukünftige gute Entwicklung jedes einzelnen jungen Menschen: Durch soziale Kontakte entsteht soziales Kapital für die persönliche Entwicklung und damit für Integration.

An diesem Beispiel zeigt sich aber auch die Allgemeingültigkeit guter Entwicklungsbedingungen: Segregierte städtische Nachbarschaften, in denen die Mehrheit der Familien keiner Erwerbstätigkeit nachgeht, gelten schon seit langem auch als großes Hindernis für Bildung und Lebensverläufe junger Menschen aus deutschen Familien.

Zu weiteren kurzfristigen Erfordernissen für heranwachsende und junge Geflüchtete gehören z. B. auch eine Verkürzung der Wartezeiten bis die Schulzeit beginnt und zügige Entscheidungen in Asylverfahren, um quälende Wartezeiten abzukürzen. Auch müssen die Möglichkeiten, die deutsche Sprache sehr gut und schnell zu erlernen, dem Bedarf und auch der schnell gestiegenen Anzahl junger Menschen angepasst werden. Im zweiten Schritt empfehlen die Autoren die Konzeption und Einrichtung von Integrationskursen, in denen das deutsche Demokratieverständnis, Grundlagen unseres Rechtssystems etc. behandelt werden.

Am Start: Junge geflüchtete Menschen sind auf Ermutigungskultur angewiesen
Die Publikation verweist darauf, dass (trotz sprachlicher Barrieren) viele junge Geflüchtete die öffentliche Diskussion über Integration wahrnehmen und dabei sensibel ermutigende (oder entmutigende) Botschaften aufnehmen. Die Autoren der Publikation werfen einen kritischen Blick auf die aktuelle Integrationsdebatte und konstatieren eine Tendenz, die teilweise unbewältigte Integration der Kinder und Enkel muslimischer „Gastarbeiter" (der 60er Jahre) mit den Integrations- Erfolgsaussichten der zu uns Geflüchteten zu vermischen. Übersehen wird, dass es für die Einwanderer der 60er Jahre in Deutschland keine proaktive Integrationspolitik gab, weil sowohl „Gast"arbeiter als auch „Gast"land (irrtümlicherweise) davon ausgingen, dass die „Gäste" nach getaner Arbeit in ihre Heimatländer zurückkehren würden.

Integration als Prozess anerkennen und gute Konzepte entwickeln
Hier können wir von Ländern mit (Best)-Practice-Erfahrungen in Integration, wie z. B. Großbritannien oder Skandinavien, lernen: Sie definieren Integration (junger) Menschen als komplexen Prozess, der nur mithilfe gezielter Maßnahmen, kurz-, mittel- und langfristig, gelingen kann. Bei der Frage was die Schlüsselelemente dieses Prozesses, insbesondere auch für Heranwachsende sind, hilft ein Blick auf die (u. a.) in Großbritannien entwickelte (evidenzbasierte) Disziplin des „Parenting", die die wichtigsten Voraussetzungen für die gute Entwicklung eines Menschen definiert. Parenting hat zunächst nichts mit dem traditionellen (biologisch geprägtem) Verständnis von „Eltern" zu tun. Parenting bezeichnet einen Prozess, in dem es in erster Linie um die Qualität der Gestaltung geht.

Parenting-Prozesse können durch jeden Menschen gestaltet werden

Als Prozess kann Parenting (als positive Hinwendung zu einem anderen) grundsätzlich durch jeden Menschen initiiert und gestaltet werden.

Was brauchen junge Menschen für eine gute Entwicklung?

Ziel der Parenting-Prozesse ist die positive Entwicklung des Potenzials eines jungen Menschen. Die Parenting-Forschung belegt, dass die erfolgreiche Entwicklung ein komplexer Prozess ist. Die Handlungsempfehlungen im dritten Teil dieser Publikation berücksichtigen die drei elementaren Schlüsselprozesse, die als unverzichtbar für das Gelingen des Parenting-Prozesses gelten: „Care" – „Control" – „Development" (Handbook of Parenting, SAGE 2004). Ein Blick auf die internationalen Forschungsergebnisse bezüglich gelungenen Parentings kann bereits beschrittene Wege bei der Integration junger geflüchteter Menschen in Deutschland bestätigen und ermutigen, diese Wege weiter zu beschreiten bzw. auszubauen.

Schlüsselelemente für die positive Entwicklung (geflüchteter) junger Menschen beachten

„Care" (Sorge): Physisch – Emotional – Sozial

Von den drei elementaren Bereichen von „Care" (Sorge) ist die Sorge für das physische Wohlergehen junger Geflüchteter gut umgesetzt. Als unentbehrlich für eine positive Entwicklung gelten aber auch das emotionale Wohlbefinden und die Sorge für die sozialen Beziehungen eines jungen Menschen. Die Autoren weisen darauf hin, dass die dezentrale Unterbringung von Geflüchteten (Prävention von Segregation) die allererste und unentbehrlichste Voraussetzung für die soziale und kulturelle Integration ist, die auf sozialen, alltäglichen, konstanten Beziehungen der Geflüchteten mit den Menschen beruht, die schon lange in Deutschland leben.

Unter „Care"- Gesichtspunkten ist auch die Gestaltung und Strukturierung des tagtäglichen Lebens in Erstaufnahmeeinrichtungen keine Petitesse, sondern elementar für die emotional stabile Entwicklung und den Aufbau von Hoffnung und Motivation, die die jungen Geflüchteten, die nicht selten alles verloren haben, brauchen, um das Vertrauen in die Zukunft nicht zu verlieren. In der Hektik der allerersten Zeit, angefüllt mit Care für das physische Wohlergehen, ist dieser Aspekt vernachlässigt worden, wichtig wäre, ihn zukünftig stärker zu berücksichtigen.

„Control": Grenzdefinition und Grenzsetzung

Dem „Control"-Aspekt widmen die Autoren u. a. mit ihrem Vorschlag von Integrationskursen besondere Aufmerksamkeit, zu Recht. In hochregulierten westlichen Gesellschaften werden Heranwachsende, die die Grenzen sozial akzeptierten Verhaltens und auch die entsprechenden Gesetze nicht kennen, in steigendem Maße sozial ausgegrenzt. Vielleicht ist es die schwierigste Aufgabe für Politik und die Menschen vor Ort überhaupt, auf der Einhaltung von Gesetzen und sozialen Regeln zu bestehen.

„Development": Umfassende Förderung (intellektuell, sportbetont, musisch-ästhetisch)

„Development", der dritte Schlüsselprozess erfolgreicher Parenting-Prozesse, ist in einer Gesellschaft, in der Privat- wie auch Arbeitsleben immer komplexer werden, kein Luxus, sondern lebenswichtig – sowohl für den Heranwachsenden als auch für eine alternde und schrumpfende Gesellschaft, die mehr als jemals zuvor darauf angewiesen ist, dass jeder Einzelne sein Potenzial einbringt. Der vordringlichste Aspekt von „Development" für (junge) Geflüchtete ist der zügige Zugang zum Spracherwerb und zu den Institutionen für junge Menschen (Bildung, Sport, Kunst etc.). Im Hinblick auf diese existenziellen Voraussetzungen der Entwicklung sagen die Autoren: Deutschland hat die Grundlagen für die Förderung gelegt, aber es muss schnell besser werden. Die Entwicklung junger Menschen wartet nicht und jeder Tag der ohne Bildungsangebot verstreicht, ist nicht nur ein verlorener Tag, sondern öffnet auch dem Einfluss von Menschen Türen, die nicht die positive Entwicklung eines jungen Geflüchteten, sondern Zerstörung erreichen wollen.

Fazit: Integration als „human issue" stellt den Mensch in den Mittelpunkt und leitet daraus konkrete Handlungserfordernisse ab

Integration vorrangig als „human issue" zu verstehen, bedeutet, die Expertise europäischer Länder, wie z.B. Großbritannien, für die Integrationsaufgaben in Deutschland zu nutzen. Die Kenntnis der drei Schlüsselbereiche des Parenting (die auf über zwanzigjähriger Forschung beruhen) kann bei der Akzentuierung politischer Maßnahmen auch in Deutschland helfen. Da Parenting-Prozesse grundsätzlich von jedem Menschen initiiert und positiv gestaltet werden können, kann sich jeder Einzelne die Frage stellen: Welche Möglichkeiten habe ich, für die gute Entwicklung eines jungen Menschen aktiv zu werden? Die Antworten werden für ein Parlamentsmitglied möglicherweise andersgestaltig sein als für einen Studenten oder eine Lehrerin, aber jede einzelne Antwort trägt dazu bei, positive Entwicklung zu gestalten. Eine Frage ist auch, wie es mit Parenting-Prozessen für junge Menschen aussieht, die schon lange in Deutschland leben oder hier geboren sind, aber Schwierigkeiten mit der Integration in Bildung und Arbeitsmarkt haben. Prozesse der positiven Entwicklung, und das gilt es zu bedenken, gelten grundsätzlich als „human issue" für jeden Menschen und stehen über Herkunft und Nationalität.

Sankt Augustin, Deutschland   Elisabeth Hoffmann

Einleitung

Laut Daten des Mikrozensus leben in Deutschland 16,4 Mio. Menschen mit einem sogenannten Migrationshintergrund. Ein Großteil davon – 9,2 Mio. – ist eingebürgert, d. h. sie sind Deutsche (https://www.destatis.de). Wenn die Anzahl der Einbürgerungen als messbare Größe für die Integration herangezogen wird, kann konstatiert werden, dass über die Hälfte der Migrantinnen und Migranten in Deutschland gut integriert ist. Jedoch sagt diese Zahl wenig über die tatsächliche Integration aus, denn die Kriterien für die Einbürgerung sind z. B. Aufenthaltsdauer, Erwerbstätigkeit u. v. m. Andererseits wird die Integrationsbereitschaft bestimmter Gruppen – auch wenn sie eingebürgert sind – infrage gestellt: die der muslimischen Bevölkerung. Der Großteil der Geflüchteten wird dem muslimischen Glauben zugeordnet, weil sie aus Syrien, Afghanistan oder dem Irak stammen. Da nicht alle Geflüchteten endgültig registriert sind und einige nur auf der Durchreise sind, kennen wir die genaue Zahl (siehe dazu Kapitel eins) der in Deutschland lebenden Muslime nicht. Laut Angaben der Deutschen Islam Konferenz wird sie auf 3,8 bis 4,3 Mio. geschätzt (http://www.deutsche-islam-konferenz.de). Die Flüchtlinge sind in diesen Zahlen nicht berücksichtigt. Aktuell sollten wir von ca. fünf Millionen Muslimen in Deutschland ausgehen.

Viele davon stammen aus der Türkei, sie sind als sogenannte Gastarbeiter in den 1960er- und 1970er-Jahren nach Deutschland gekommen. Ab Mitte der 1950er-Jahre wurden zwischen der Bundesrepublik und Staaten wie Italien, Spanien, Portugal, Griechenland, Marokko, Tunesien, Jugoslawien und der Türkei Anwerbeverträge unterzeichnet, da der Bedarf an Arbeitskräften im Inland nicht mehr gedeckt werden konnte. Die Vermittlung ausländischer Arbeitskräfte basierte in der Regel auf einer Anwerbevereinbarung, die zwischen Deutschland und dem betreffenden Land ausgehandelt wurde. Diese Vereinbarungen enthielten damals keine Beschränkungen hinsichtlich der Anzahl oder der Qualifikation. Sie beschrieben lediglich die Organisation und die technische Abwicklung der Vermittlung und sollten gewährleisten, dass die Arbeitnehmerinnen und Arbeitnehmer alle erforderlichen Auskünfte bezüglich ihrer Aufnahme und Beschäftigung erhalten. Es sollten vor allem junge und gesunde Menschen nach Deutschland vermittelt werden, die vorwiegend in der Metall-, Auto- und Baubranche arbeiten sollten und die durch Rotation und ohne größere Gesundheitskosten wieder zurückkehren konnten. Das Hauptmotiv für die Migration nach Deutschland war der kurzfristige Aufbau von Ersparnissen, um später im Heimatland über einen gesicherten Lebensunterhalt zu verfügen.

Die ersten „Gastarbeiter", die ohne ihre Familien nach Deutschland kamen, wurden in Wohnheimen und Sammellagern untergebracht. Die Unterkünfte waren nach Geschlechtern getrennt, qualitativ schlecht, überbelegt, dadurch beengt und auch noch überproportional teuer. Anfang der 1970er-Jahre war der überwiegende Teil der muslimisch geprägten Arbeitnehmer männlich und verheiratet. Mehr als die Hälfte von ihnen hatten ihre Frauen im Heimatland zurückgelassen.

Es gibt einige Parallelen zwischen den Gastarbeitern damals und den Geflüchteten heute, z.B. dass viele junge Menschen ohne Familien in Sammelunterkünften leben. Der zentrale Unterschied zwischen den beiden Migrationsströmen besteht darin, dass die Gastarbeiter bewusst angeworben wurden und Arbeitsplätze für sie zur Verfügung standen. Zudem werden die Geflüchtete von einem beträchtlichen Teil der Bevölkerung und einem Teil der Politik abgelehnt, sie wurden eben nicht „eingeladen" oder angeworben. Die schnelle Arbeitsmarktintegration hat damals dazu geführt, dass die soziale und kulturelle Integration der Gastarbeiter bzw. Muslime jahrzehntelang nicht im Mittelpunkt stand. Das Tragen des Kopftuches – solange es auf Milieus im Niedriglohnsektor beschränkt war – oder die Praxis der Zwangsheirat wurden als kulturelle Besonderheit geduldet und in der Öffentlichkeit selten thematisiert. Erst als die Ressourcen in industriellen Berufen knapp wurden und die Nachfolgegenerationen durch Bildungsaufstiege nicht nur im Niedriglohnsektor tätig sein wollten, sondern als Erzieherin, Lehrerin oder Staatsanwältin (mit Kopftuch) arbeiten wollten, wird die soziale und kulturelle Integration der Muslime kontrovers debattiert und aktuell mit der Situation der Geflüchteten verknüpft.

In der Debatte um die Integration der (jungen) Geflüchteten wird deshalb die soziale und kulturelle Integration in den Mittelpunkt gestellt, obwohl die strukturelle Integration noch nicht einmal ansatzweise gelungen ist. Dabei ist die strukturelle Integration die Basis für die soziale und kulturelle, wie im Kapitel drei deutlich gemacht wird. Wie kann demnach eine nachhaltige und zufriedenstellende Integration der Geflüchteten – vor allem aber die die der jungen Menschen – gelingen? Welche Kompetenzen bringen die Geflüchtete mit und welche Ressourcen muss das Aufnahmeland zur Verfügung stellen? Und was heißt überhaupt Integration? Um diese und weitere Fragen zu beantworten, werden im ersten Teil dieser Analyse zunächst die Sozialisationsbedingungen der hiesigen Jugendlichen mit Migrationshintergrund anhand von zwei Beispielen[2] dargelegt, um aufzuzeigen, dass der Zugang und die strukturelle Integration in Institutionen und Gesellschaft auch bei etablierten Migranten bis heute nicht flächendeckend gelungen ist. Basierend auf diese Erkenntnisse wird zunächst die Situation der Geflüchteten in Deutschland kurz nachgezeichnet, darauf aufbauend werden im dritten Teil die vier Ebenen der Integration – strukturelle, soziale, kulturelle und identifikatorische – vorgestellt, um im letzten Abschnitt aufbauend auf den vier Integrationsebenen Handlungsempfehlungen zu formulieren, die sowohl auf etablierte als auch auf neue Migrantinnen und Migranten zutreffen. Die Handlungsempfehlungen, wie auch bei den zwei Fallbeispielen aus dem ersten Kapitel dargestellt, werden bewusst nicht auf Jugendliche fokussiert, weil die jungen Menschen im Kontext der Familie betrachtet werden müssen.

---

[2]Da wir keine bis wenige wissenschaftliche und praktische Erkenntnisse mit Geflüchteten haben, werden Beispiele mit Jugendlichen und ihre Familien herangezogen, die länger in Deutschland leben.

Inhaltsverzeichnis

1 Sozialisationsbedingungen der Kinder und Jugendlichen 1

2 Geflüchtete in Deutschland 7

3 Was heißt Integration? – Zu den vier Ebenen der Integration 15

4 Handlungsempfehlungen 25

5 Fazit – Sonderangebote für Migranten? 33

Literatur 37

Sozialisationsbedingungen der Kinder und Jugendlichen 1

Alle Kinder und Jugendlichen wachsen im Wesentlichen in den vier Lebenswelten Familie, Schule, Peergroup und Medienlandschaft auf. Diese vier Bezugspunkte stellen allerdings muslimische Jugendliche vor besonders widersprüchliche Erwartungen und Handlungsoptionen, die weiter unten vertieft werden. Das deutsche *Schulsystem* ist bekanntlich kaum in der Lage, soziale Unterschiede auszugleichen. Die Nachkommen der ehemaligen Arbeitsmigranten sind dadurch nachweislich benachteiligt. Sie machen seltener als ihre Altersgenossen hochwertige Schulabschlüsse und verlassen das Schulsystem deutlich häufiger ohne Abschluss. Das liegt neben der Schulstruktur und wenig lernförderlichen Unterrichtsformen auch daran, dass in der Schule Werte wie Selbstständigkeit, Selbstdisziplin und Selbstreflexion (notwendigerweise) eine besondere Rolle spielen. Denn viele dieser Jugendlichen wachsen in Familienstrukturen auf, in denen Gehorsam, Unterordnung Loyalität gegenüber der Familie den Alltag begleiten. Ihnen fehlt oft die Intimsphäre, die Heranwachsende in Deutschland benötigen, um ein selbstbestimmtes Leben zu üben (wie bspw. ein eigenes Zimmer). Zusätzlich führen inkonsistente Erziehungsstile, die sie häufig in ihren Familien, aber auch in der Schule (unterschiedliche Lehrertypen) erleben, zu Irritationen und Orientierungslosigkeit.

Diese Widersprüchlichkeiten im Verhältnis von Schule und Familie, denen sich diese Jugendlichen gegenüber stehen, werden dadurch verschärft, dass ihre Eltern sowohl Loyalität gegenüber den traditionellen Werten als auch Erfolg in der Schule und später im Arbeitsleben erwarten (King 2009) – eine typische Erwartungshaltung von Migrantinnen und Migranten der ersten und zweiten Generation gegenüber ihren Kindern. Dabei können die Eltern den Kindern kaum Hilfestellungen geben, auch weil sie traditionsbedingt die Erziehungs- und Bildungsverantwortung in großem Maße an die Schule abgeben. Insbesondere für Jungen und junge Männer ergeben sich daraus strukturelle Konflikte in den

© Springer Fachmedien Wiesbaden GmbH 2017
A. Toprak und G. Weitzel, *Deutschland das Einwanderungsland*,
essentials, DOI 10.1007/978-3-658-15912-2_1

Passungsverhältnissen von schulischer und familialer Lebenswelt. Eine Gruppe von Bildungsforschern formulierte es folgendermaßen:

> Für Kinder aus ‚bildungsfernen' Milieus stellt sich damit beim Eintritt in die Schule die mehr oder minder ausgeprägte Alternative, sich entweder auf den Versuch des Bildungsaufstiegs einzulassen und dabei das eigene Selbst schutzlos den schulischen Zuweisungen von Erfolg und Misserfolg preiszugeben, oder sich den Anforderungen zu verweigern und ihnen die in den Peers und im eigenen Herkunftsmilieu ausgebildeten Bildungsstrategien und Anerkennungsmodi entgegen zu halten, die das eigene Selbst zu stützen und anzuerkennen vermögen (Grundmann et al. 2008, S. 58).

Dieses Problem verschärft sich für muslimische Jugendliche zusätzlich, denn sie leben sowohl mit sozialen Unterschieden aufgrund ihrer Milieuzugehörigkeit als auch mit kulturellen Unterschieden aufgrund der Migrationssituation. Für sie bestehen keine „vorgeprägten Laufbahnen", an denen sie sich in Schule und Arbeitsmarkt orientieren könnten.

Sie fühlen sich nicht als Deutsche und nicht als Araber oder Türken. Sie distanzieren sich in gewisser Hinsicht sowohl von der Mehrheitsgesellschaft als auch von der Familie und der traditionellen türkischen Community und nehmen einen dritten Platz ein (vgl. Badawia 2002).

Nach dieser kurzen thematischen Einführung sollen die weiteren migrations- und kultursensiblen Ansätze, worauf auch im vierten Kapitel Bezug genommen wird, anhand zweier Beispiel konkretisiert werden.

Zwei Fälle – zwei unterschiedliche Zugänge?

Die beiden hier dargestellten unterschiedlich gelagerten Fälle sollen aufzeigen, dass die sichere rechtliche Lage von Migrantinnen und Migranten und pädagogische Methodenkompetenz entscheidend sind, um handeln zu können. Bei etablierten Arbeiterfamilien der dritten Generation (Fall 1) ist die Intervention lediglich pädagogischer Natur und durch interkulturelle Kompetenz und interkulturelle Schulung gut lösbar. Der zweite Fall macht deutlich, dass die pädagogischen Maßnahmen oft gar nicht greifen, weil ihr Zugang zur Zielgruppe politisch nicht vorgesehen beziehungsweise gewünscht ist. Um die Integration der Geflüchteten positiv zu gestalten, ist es wichtig, dass beide Punkte vorhanden sind.

Fall 1: Etablierte Jugendliche und Familien

Der 17-jährige *Umit* ist in Deutschland geboren, die Familie stammt ursprünglich aus der Türkei. Er ist mehrfach mit Gewalt-, Ladendiebstahl- und Drogendelikten straffällig geworden. Während der Beratungsgespräche bei der Jugendgerichtshilfe stellt die zuständige Sozialpädagogin fest, dass *Umit* auch viele Probleme im Elternhaus hat, wie zum Beispiel die Arbeitslosigkeit der Eltern, Alkoholprobleme des Vaters, beengte Wohnverhältnisse und Gewalt in der Familie. Nach reiflicher Überlegung und in Absprache mit *Umit* beschließt sie, ihren Klienten in einer sozialpädagogisch betreuten Wohngruppe unterzubringen. Alle Vorgespräche mit *Umit* verlaufen positiv, weil er sein Elternhaus unbedingt verlassen möchte, um eigenverantwortlich und selbstständig sein Leben zu regeln. Die Sozialpädagogin bestärkt *Umit* darin und ermutigt ihn zu diesem Schritt. Allerdings ist die Zustimmung der erziehungsberechtigten Eltern erforderlich. Während des gemeinsamen Gesprächs mit der Pädagogin und den Eltern ist *Umit* sehr ruhig, er vermeidet den Augenkontakt zu beiden Elternteilen und blickt fortwährend zu Boden. Der Vater betont unermüdlich, dass sie als Eltern mit *Umit* keinerlei Probleme hätten und dass die Familie intakt sei. Er verstehe auch nicht, warum man ihm seinen Sohn wegnehmen und in ein Heim stecken wolle. Es gehe ihm zu Hause doch gut und er bekomme alles, was er brauche. Die Pädagogin betont zwar, dass *Umit* eigenverantwortlich entschieden hat, in eine Wohngruppe zu gehen, findet aber beim Vater kein Gehör. Das Gespräch wird hitziger und für die Sozialpädagogin unproduktiv, weil die Eltern nicht verstehen wollen, dass es für *Umit* besser wäre, von zu Hause wegzukommen, um selbstständiger zu werden. Außerdem irritiert es sie, dass *Ümit* sie im Gespräch nicht ansieht und jeden Blickkontakt vermeidet. Nach einer Weile wendet sie sich direkt an *Umit* und fragt ihn, ob er in eine Wohngruppe einziehen möchte, *Umit* verneint dies. Weiterhin mit gesenktem Blick sagt er, dass er sich zu Hause wohl fühle und keinerlei Probleme habe, auch nicht mit den Eltern. Die Pädagogin ist zunächst sprachlos, weil *Umit* sich ganz anders verhält als in den Vorgesprächen. Er wirkt auf sie wie ausgewechselt und sie kann sein Verhalten und seine Entscheidung nicht nachvollziehen.

Das Verhalten der Gesprächsbeteiligten kann in Umrissen wie folgt interpretiert werden: Für die Eltern, vor allem für den Vater, ist es von entscheidender Bedeutung, die Familie nach außen hin als intakt und funktionsfähig darzustellen. Das Verhalten des Jungen, der sich einer Behörde anvertraut und sich den Eltern gegenüber nicht loyal verhält, wird zwar verurteilt, aber in der Öffentlichkeit nicht thematisiert.

Der Sohn kennt diese Wünsche und Vorstellungen seiner Eltern. Seine Körpersprache (gesenkter Kopf, kein Blickkontakt mit den Eltern während des Gesprächs mit der Sozialpädagogin) ist eindeutig und zeigt, dass er in einem Dilemma steckt. Außerdem signalisiert er damit, dass er einen großen Fehler begangen hat. Als er begreift, dass dieser Spagat nicht gelingen kann, entscheidet er sich für die Loyalität seinen Eltern gegenüber.

Das Streben eines jungen Mannes nach mehr Eigenverantwortung und Selbstständigkeit ist für die deutschstämmige Sozialpädagogin eine Selbstverständlichkeit. Schließlich besteht ihr Auftrag als Pädagogin und Vertreterin der Institution darin, junge Menschen genau dazu zu ermuntern. Durch die Vorgespräche fühlt sie sich in ihrer Einschätzung bestärkt.

Überforderungstendenzen, Orientierungslosigkeit und Desintegration, ausgelöst durch verschärfte Individualisierungszwänge in einer modernen Gesellschaft, dienen in der sozialwissenschaftlichen Literatur als gängige Beschreibungen der Konflikte, unter denen alle Jugendliche heute heranwachsen. Individualisierung geht einher mit zunehmender Freiheit aber auch abnehmender Sicherheit. Dabei wird betont, dass der Individualisierungsprozess für Jugendliche nur dann positive Züge hat, „wenn diese Ablösung von Bindungen nicht in ein Vakuum mündet, sondern durch Anerkennungen als moderne Form der Integration ersetzt werden. Desintegration zeigt sich deshalb gerade in einem Anerkennungsvakuum; es ist ein Ausdruck emotionaler Desintegration, die verunsichernd wirken muss. Bleibt Anerkennung aus, kann leicht eine Entwicklung eintreten, die traditionelle Form der Integration durch Bindung wiederzubeleben" (Heitmeyer et al. 1995, S. 59). Und für Türkeistämmige Jugendliche stellen die Bindungen zur eigenethnischen Community einen bedeutsamen Orientierungspunkt dar, da die Chance, Anerkennung außerhalb dieses Kollektivs zu erfahren, ungewiss ist beziehungsweise als unwahrscheinlich eingeschätzt werden kann.

In Besprechungen zwischen Eltern und Pädagoginnen und Pädagogen werden diese Zusammenhänge häufig übersehen. Hier kommen Lebens- und Erziehungskonzepte der Eltern zum Vorschein, die auf den ersten Blick nicht mit den Vorstellungen der Institutionen beziehungsweise den Fachkräften kompatibel sind. Ein Perspektivenwechsel – Warum verhält sich der Vater oder der Sohn anders als erwartet? Warum betont der Vater, dass die Familie intakt ist? Warum senkt der Sohn den Blick? Welche Bedeutung messen Eltern und Kinder traditionellen Werten bei? Unter welchem (inneren) Druck steht der Sohn? etc. – würde den pädagogischen Fachkräften helfen, das Verhalten des Kindes oder Jugendlichen sowie der Eltern besser zu verstehen.

Fall 2: Jugendliche und die Familien in prekären Lagen
Die Eltern von *Anwar* sind Kurden und stammen ursprünglich aus dem kurdischen Teil des Irak. Die Familie ist Ende 1990 über Istanbul, Griechenland, Italien und Österreich nach Nürnberg gekommen. Hier stellt die Familie einen Antrag auf Asyl und wird durch die gängige Praxis im Asylgesetzverfahren nach München verlegt. Auf der Flucht hatte die Familie zwei kleine Kinder dabei,

Anwar (1993) und seine jüngere Schwester (1996) kommen in München auf die Welt. Im ersten Verfahren wird dem Antrag auf politisches Asyl nicht stattgegeben. Die gesamte Familie steht kurz vor der Abschiebung in den Irak. Daraufhin taucht sie unter und lebt zwei Jahre lang in der Illegalität. In dieser Zeit können die Kinder keine Schule besuchen. Nachdem der Vater weitere Beweise vorlegen kann, dass er in der Türkei systematisch gefoltert wurde, wird der Familie Asyl gewährt.

Das Leben im Asylbewerberwohnheim
Die vierköpfige Familie wurde zwei Wochen nach ihrer Ankunft in Nürnberg in ein Asylbewerberwohnheim nach München verlegt. Der Freistaat Bayern ist dafür bekannt, im Umgang mit Asylbewerberinnen und -bewerbern rigide vorzugehen. So ist es beispielsweise das erste Bundesland, in dem den Betroffenen kein Geld aushändigt, sondern geldwerte Sachleistungen wie Lunchpakete angeboten werden. In ganz Deutschland ist es gängige Praxis, dass Asylbewerberinnen und -bewerber bis zum Abschluss ihres Verfahrens nicht arbeiten dürfen. Ein Verfahren durch mehrere Instanzen kann sich viele Jahre hinziehen. Außerdem dürfen die Asylbewerberinnen und -bewerber den Landkreis, in dem sie untergebracht sind, nicht verlassen, da sie sich ansonsten strafbar machen würden. In den ersten fünf Jahren musste die Familie unter diesen schwierigen Bedingungen leben. *Anwar* kam in München im Asylbewerberheim auf die Welt. Die Mutter nahm weder während der Schwangerschaft noch bei der Geburt medizinische Hilfe in Anspruch. Die Geburt verlief trotzdem ohne größere Komplikationen. Die ersten Lebensjahre von *Anwar* waren davon geprägt, dass seine Eltern mit den Behörden um die Anerkennung als *politische Flüchtlinge* rangen. Die Unterlagen, die der Vater beibrachte, wurden entweder nicht anerkannt oder als nicht ausreichend betrachtet. In dieser Phase erlebte die Familie die Behörden als unkooperativ und ungerecht.

Auch das Leben im Wohnheim war nicht einfach. Die Familie lebte auf engstem Raum mit zwei kleinen Kindern und einem Baby. Bad und Sanitäranlagen mussten mit den anderen Bewohnerinnen und Bewohnern des Heimes geteilt werden. Der Antrag auf eine größere und separate Wohneinheit wurde mit Verweis auf die Warteliste abgelehnt. Um die Lage etwas zu verbessern, begann der Vater illegal zu arbeiten, zunächst als Lagerarbeiter bei einem türkischen Gemüsehändler. Als er bei einer Polizeirazzia beinahe entdeckt wurde, quittierte er den Job. Die Arbeit tat dem Vater und der Familie nicht nur finanziell, sondern auch ideell gut, da er das Gefühl hatte, wieder gebraucht zu werden. Die Wut auf die deutschen Behörden wuchs in dieser Phase.

Das Leben in der Illegalität

Mit einem Gerichtsurteil begann die schwierigste Phase für die Familie. Nach mehr als fünf Jahren Aufenthalt im Asylbewerberwohnheim wurde der Antrag auf politisches Asyl abgelehnt. Mittlerweile war die Familie gewachsen, ein weiteres Kind war zur Welt gekommen. Die Familie tauchte unter und lebte nun bei Verwandten in der Nähe von München. Vor allem die älteren Geschwister von *Anwar* litten unter dieser Situation, weil sie nicht mehr in die Schule gehen konnten. Auch *Anwar* konnte nicht eingeschult werden. Mit circa sieben Jahren sprach er kaum Deutsch, obwohl er in München geboren wurde. Die Erwachsenen lebten in stetiger Anspannung aus Angst, entdeckt zu werden. Um nicht aufzufallen, mussten sie öfter ihren Aufenthaltsort wechseln. Die zwei Jahre in der Illegalität prägten die Familie: Es wuchs das Misstrauen gegen Nachbarn, Behörden und Bekannte, Ohnmacht und Hilflosigkeit gehörten zum Alltag. Nach zwei langen Jahren in der Illegalität wurde das Abschiebeverfahren gegen die Familie aufgehoben und erfährt, dass sie gar nicht hätte untertauchen müssen, weil das Gerichtsurteil nicht rechtskräftig war. In der nächsten Instanz wurde dem Antrag des Vaters stattgegeben und die gesamte Familie erhielt eine offizielle Aufenthaltserlaubnis.

Aufgrund dieser Umstände wurde *Anwar* erst mit acht Jahren eingeschult. Er ist nicht nur der Älteste in der Klasse, sondern auch der Einzige, der keinen Kindergarten besucht hat. Aufgrund seiner schlechten Deutschkenntnisse hatte er Schwierigkeiten, Anschluss an die anderen Kinder zu bekommen. Trotzdem konnte er die Grundschule in der Regelzeit abschließen und später eine Hauptschule besuchen. Die Zeit in der Illegalität brachte auch für die Kinder große Einschnitte. Die zwei Älteren mussten abrupt von der Schule genommen werden und pausierten fast zwei Jahre. Die drei schulpflichtigen Kinder verloren dadurch den Anschluss. Nur das zweitälteste Kind, ein Mädchen, erwarb später den Hauptschulabschluss und wurde Friseurin. *Anwar* und sein älterer Bruder verließen die Schule ohne Schulabschluss und erwarben keine Berufsausbildung. Das jüngste Kind schließlich erlangte später die Mittlere Reife.

Diese beiden Beispiele zeigen auf unterschiedliche Art und Weise, welche strukturellen und institutionellen Barrieren die Integration erschweren, obwohl in beiden Fällen längere Aufenthalte vorhanden sind. Deshalb müssten bei Geflüchteten diese Barrieren viel früher abgebaut werden, um die Integrationsprozesse zu beschleunigen.

Geflüchtete in Deutschland 2

Darüber, wie viele Geflüchtete sich derzeit in der Bundesrepublik Deutschland aufhalten, kursieren unterschiedliche Angaben. Zumeist ist die Rede von über einer Million Menschen.

Die genaue Anzahl an Geflüchteten und Asylbewerbern lässt sich aus folgendem Grund nicht benennen: Es besteht eine erhebliche Differenz zwischen den Zahlen, die innerhalb des „Easy System"[1] erfasst wurden (1.091.894), und den gestellten Asylanträgen (Erst- und Folgeanträge[2]), (476.649[3]), davon 441.899 im Rahmen eines Erstantrages. Die Differenz erklärt sich zum einen aus Fehl- und Doppelerfassungen, zum anderen ist nicht auszuschließen, dass Geflüchtete ohne Antragstellung weiterreisen oder zunächst illegal verweilen. Des Weiteren können zwischen Einreise und Beantragung von Asyl Wochen bis Monate vergehen, je nachdem wie schnell eine Verteilung in Erstaufnahmeeinrichtungen erfolgt und wie schnell beim jeweils zuständigen Amt vorgesprochen werden kann (Bundesamt für Migration und Flüchtlinge 2016).

Vor einer thematischen Vertiefung wird zunächst geklärt, was Asyl bedeutet und wer es bekommt. Schubert und Klein unterscheiden zwischen einem

---

[1]Das „Easy System" registriert die Asylsuchenden nach ihrer Ankunft und soll so die Verteilung in die Bundesländer und die Erstaufnahmeeinrichtungen regeln.

[2]Das Asylverfahren unterscheidet seit 1985 zwischen Erst- und Folgeanträgen. Bei Ersteinreichung wird dementsprechend von einem Erstantrag gesprochen. Wird dieser abgelehnt oder zurückgezogen, besteht seitens des Asylsuchenden die Möglichkeit, einen Folgeantrag zu stellen.

[3]Um Verwirrung vorzubeugen, konzentrieren wir uns im Folgenden auf die Angaben bezüglich der Erstanträge, welche in der Gesamtbetrachtung über 90 % aller Anträge ausmachen.

© Springer Fachmedien Wiesbaden GmbH 2017
A. Toprak und G. Weitzel, *Deutschland das Einwanderungsland,*
essentials, DOI 10.1007/978-3-658-15912-2_2

allgemeinen und einem spezifischen Asylbegriff. Der allgemeine Begriff ist abstrakt formuliert und beschreibt „das Recht Verfolgter auf persönlichen Schutz und den Schutz vor Auslieferung", der spezifische Asylbegriff konkretisiert und bezieht sich auf die rechtliche Lage in der Bundesrepublik Deutschland: Demnach wurde das Asylrecht infolge der Erfahrungen aus dem Nationalsozialismus in Art. 16 a Abs. 1 des Grundgesetzes definiert und ist ein humanitärer, völkerrechtlich anerkannter Grundsatz, politisch und religiös verfolgten Menschen Aufenthalts- und Schutzrechte zu gewähren.

> Politisch Verfolgte genießen Asylrecht. Das Recht auf Asyl wurde zunächst über das Ausländerrecht, seit 1982 über das Asylverfahrensrecht gewährt. Die enorme Zunahme der Asylbewerber Ende der 1980er-/Anfang der 1990er-Jahre führte 1993 zu einer Änderung des GG: Art. 16 a behält zwar das individuelle Grundrecht auf Asyl bei, schränkt es aber insofern ein, als Asylsuchenden, die aus sog. sicheren Drittstaaten oder aus Ländern der EU einreisen, sowie Asylsuchenden, die aus sog. verfolgungsfreien Herkunftsländern, in denen nicht gegen die Menschenrechte verstoßen wird und keine politischen Verfolgungen stattfinden (kritisch z. B. die Türkei), das Asylrecht verweigert wird (Schubert und Klein 2011).

Die Zahl der in Deutschland gestellten Asylerstanträge hat 2015 einen Höchststand erreicht, mehr als 400.000 waren es zuletzt 1993. Die meisten Anträge wurden in Nordrhein-Westfalen (40.046), Bayern (25.667) und Baden-Württemberg (16.482) gestellt, die wenigsten in Bremen (2222) und im Saarland (2564). Die bundesweiten Höchststände an Registrierungen wie auch an Asylanträgen wurden im Oktober und im November erreicht. Im Oktober kamen auf etwa 170.000 Registrierungen etwas mehr als 54.877 Asylanträge, im November waren es auf mehr als 200.000 Registrierungen etwas über 57.816 Asylanträge (Bundesamt für Migration und Flüchtlinge 2016).

2.1 Warum flüchten Menschen?

Flucht und damit einhergehende Migration bedeuten einen Bruch mit dem Gewohnten, bis dato Selbstverständlichen. Sprache, Menschen, Gerüche, Farben, Klänge – „man verlässt, [...] gezwungenermaßen, womit man aufgewachsen ist und im Inneren verwachsen" (Beck-Gernsheim 2007). Niemand verlässt seine Heimat grundlos. Zum Verständnis, warum Menschen ihre Heimat verlassen und flüchten, lohnt sich ein Blick in die Definition des Begriffes Flüchtling. Schubert und Klein (2011) verstehen unter Flüchtlingen „Personen, die aufgrund ihrer ethnischen Zugehörigkeit oder Religion in ihrem Heimatstaat verfolgt werden bzw.

aufgrund der sozialen, wirtschaftlichen oder politischen Bedingungen bzw. eines (Bürger-)Krieges ihr Heimatland verlassen mussten".

Ethnie oder Religion, wirtschaftliche, soziale oder politische Bedingungen und Krieg (momentan ist der Syrienkrieg die Hauptursache für Fluchtbewegungen) begründen makrotheoretisch, warum Menschen ihre Heimat verlassen. Blickt man tiefer in die sozialen Praxen, lassen sich Verfolgung wegen politischer Betätigung oder sexueller Orientierung, Sklaverei, Kinderarbeit, körperliche Misshandlung, schwere Menschenrechtsverletzungen, Krankheit und damit einhergehende Hoffnungslosigkeit ergänzen. Die Fluchtmotivation liegt in der Hoffnung auf ein besseres Leben, dem Wunsch nach Ausbildung und in der Unterstützung durch Verwandte in der Diaspora.

Wohin Menschen fliehen, ist abhängig von mehreren Faktoren. Braun und Topan (1998) unterscheiden zwischen insgesamt sieben Faktorengruppen und differenzieren nach Push- und Pull-Faktoren (s. Abb. 2.1).

▶
- Push-Faktoren beschreiben die Gründe, warum jemand seine bisherige Heimat verlässt.
- Pull-Faktoren stellen die Anreize für das Land dar, dass letztendlich Ziel der Flucht ist.

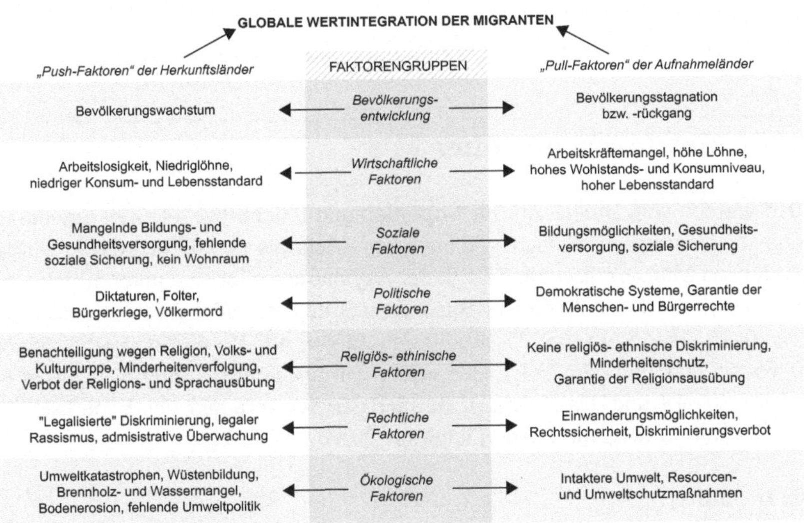

Abb. 2.1 Push- und Pull-Faktoren nach Braun und Topan (1998); Grafik entnommen aus Bundeszentrale für politische Bildung 2015: Themenblätter im Unterricht/Nr. 109. Flüchtlinge

2.2   Herkunft der Geflüchteten

Im Kalenderjahr 2015 wurden 1.091.894 Menschen registriert. Drei Herkunftsländer machen knapp zwei Drittel der Registrierungen aus: 39 % kamen aus Syrien (428.468), gefolgt von Afghanistan, 14 % (154.046) und dem Irak, 11 % (121.662). Aus Albanien kommen 6 % aller registrierten Menschen (69.426), aus dem Nachbarstaat Kosovo sind es 3 %, (33.049). Der Rest verteilt sich u. a. auf die Balkanregion (z. B. Serbien oder Mazedonien), auf den Maghreb (Marokko, Tunesien) und Afrika (Eritrea, Äthiopien), des Weiteren ist die Islamische Republik Iran zu nennen. Bei den Asylanträgen 2015 ergibt sich eine Abweichung zwischen Registrierungs- und Antragszahlen. Hierzu sei nochmals erwähnt, dass es bei der Registrierung zu Doppel- und Fehlzählungen kommen kann, dass Schutzsuchende in andere Länder weiterziehen oder aus diversen Gründen in der Illegalität verweilen und dass Wochen bis Monate zwischen Registrierung und Asylantrag vergehen können. Aus den genannten Gründen konzentrieren wir uns auf die Anzahl der gestellten Asylerstanträge (441.899).

Syrien: 158.657 (35,9 %)
Albanien: 53.805 (12,2 %)
Kosovo: 33.427 (7,6 %)
Afghanistan: 31.382 (7,1 %)
Irak: 29.784 (6,7 %) (Bundesamt für Migration und Flüchtlinge 2016)

2.3   Geschlecht und Alter

2015 wurden vom Bundesamt für Migration und Flüchtlinge 441.899 Erstanträge entgegengenommen – so viele wie nie zuvor. Mehr als zwei Drittel davon wurden von jungen Männern gestellt, 71,1 % der Asylantragsteller sind unter 30 Jahre alt. Die statistische Darstellung des Bundesamtes unterscheidet zwölf Alterskategorien (0–16, 16–18, 18–25, 25–30, 30–35, 35–40, 40–45, 45–50, 50–55, 55–60, 60–65, 65 und älter). Im Folgenden gehen wir auf die ersten drei Kategorien ein (bis 16, 16–18 und 18–25 Jahre), da hier der Schwerpunkt der Expertise liegt (Bundesamt für Migration und Flüchtlinge 2016).

Bis 16 Jahre
In der Altersgruppe bis 16 Jahre sind es insgesamt 117.008 Menschen, was einem Gesamtanteil von 26,5 % entspricht, hiermit handelt es sich um die größte Gruppe. Aufgeteilt nach Geschlechtern lässt sich feststellen, dass 64.475 (55,1 %)

der AntragstellerInnen männlichen und 52.533 (44,9 %) weiblichen Geschlechts sind. Im Kontext der Gesamtzahlen nach Geschlechteraufteilung ergibt sich, dass etwa jeder fünfte Antrag (21,1 %) von männlichen Kindern und Jugendlichen gestellt wurde. Bei den Frauen ist es mehr als jeder dritte Antrag (38,5 %), der von weiblichen Kindern oder Jugendlichen gestellt wurde. Die bis 16-Jährigen stellen bei den Frauen somit die größte Gruppe dar (Bundesamt für Migration und Flüchtlinge 2016).

16–18 Jahre

In der Altersgruppe 16–18 Jahre sind insgesamt 20.471 Anträge gestellt worden, was einem Gesamtanteil von 4,6 % entspricht. Die Aufteilung nach Geschlechtern zeigt ein deutliches Übergewicht zugunsten junger Männer 16.53 (79,4 %), bei den jungen Frauen waren es 4218 (20,6 %). In Relation zur Gesamtzahl der AntragstellerInnen sind beide Werte eher gering. Bei den jungen Männern beträgt dieser 5,3 %, bei den jungen Frauen 3,1 % (Bundesamt für Migration und Flüchtlinge 2016).

18–25 Jahre

In der Altersgruppe 18–25 Jahre wurden 109.672 Anträge auf Asyl gestellt. Im Kontext aller gestellten Asylanträge handelt es sich hier mit einem Anteil von 24,8 % um die zweitgrößte Gruppe. Die Geschlechterverteilung zeigt auch hier, ähnlich wie bei der Gruppe der 16- bis 18-Jährigen, eine deutliche Mehrzahl junger Männer, 88.121 im Vergleich zu 21.551 jungen Frauen. Bezogen auf die Gesamtzahlen zeigt sich, dass nahezu jeder dritte Antrag (28,8 %) von jungen Männern zwischen 18 und 25 Jahren gestellt wurde. Der Gesamtanteil bei den Frauen liegt bei 15,8 % (Bundesamt für Migration und Flüchtlinge 2016).

2.4 Geflüchtete Kinder und Jugendliche

Wie dargestellt sind die meisten der Neuankommenden junge Menschen unter 30 Jahren. Die größte Gruppe der Geflüchteten stellt die Altersspanne von 0 bis 16 Jahren[4]. Zählt man die 16- bis 18-Jährigen dazu, zeigt sich, dass nahezu jeder dritte Geflüchtete (31,1 %) minderjährig ist. Bei minderjährigen Geflüchteten wird zwischen unbegleiteten und begleiteten unterschieden. Das Unterscheidungsmerkmal ist evident, unbegleitet ist, wer allein nach Deutschland kommt,

---

[4]Was natürlich auch daran liegt, dass es die Gruppe mit der größten Altersspanne ist.

begleitet ist, wer in Begleitung von Sorgeberechtigten kommt[5]. Der Großteil der Geflüchteten wird begleitet (Berthold 2014). Bei unbegleiteten minderjährigen Geflüchteten besteht in Abhängigkeit des Aufenthaltstitels[6] auf Grundlage Art. 6 GG die Möglichkeit des Familiennachzuges. Im Rahmen des Asylpaketes II verhandelt die Bundesregierung im Moment die Aussetzung des Familiennachzuges.

Bei Minderjährigen ergibt sich eine besondere Konstellation: Minderjährige sind nach geltenden EU-Richtlinien als schutzbedürftig zu behandeln, unabhängig ob in Begleitung oder nicht.[7] Bei jungen Volljährigen besteht die Möglichkeit der Anwendung des § 41 SGB VIII, soweit ein Jugendhilfebedarf festgestellt werden kann.[8]

2.5 UN- Kinderrechtskonvention sowie Kinder- und Jugendhilfe

Die Artikel 1 und 2 der UN- Kinderrechtskonvention formulieren das Recht auf Gleichbehandlung. Sie gelten als *egalitäre* Rechte, da sie für alle Kinder in der ganzen Welt gleichermaßen gelten – egal ob ausländischer Herkunft oder nicht. Eine Ungleichbehandlung ist somit in keiner Art und Weise zu legitimieren. Artikel 3, Absatz 1 beschreibt den Vorrang des Kindeswohls, d. h. wenn Entscheidungen getroffen werden, die sich auf Kinder auswirken können, muss das Wohl des Kindes gemäß der Konvention vorrangig berücksichtigt werden. In Deutschland wird die UN-Kinderrechtskonvention durch die Normen des Kinder- und Jugendhilferechts, geregelt im SGB VIII, ergänzt. Das Kinder- und Jugendhilferecht, kurz KJHG, schreibt vor, dass jedes Kind „ein Recht auf Förderung seiner Entwicklung und auf Erziehung zu einer eigenverantwortlichen und gemeinschaftsfähigen Persönlichkeit" besitzt. Der Bezug auf das KJHG bedeutet zum einen,

---

[5]De facto ist die Situation teils komplizierter, da einige junge Menschen allein einreisen, um vor Ort auf Sorgeberechtigte zu treffen. Ist dies der Fall, zählen sie hier nicht mehr zur Gruppe der unbegleiteten minderjährigen Flüchtlinge.

[6]Eine gute Übersicht über wichtige Fragen und rechtliche Grundlagen zu den Themen Einwanderung und Asyl findet sich in Meier-Braun (2015), veröffentlicht von der Bundeszentrale für politische Bildung.

[7]Ob das auch immer so geschieht, steht auf einem anderen Blatt. „Eine entsprechende Behandlung und Sorge ist [...] vielerorts nicht erkennbar" (Berthold 2014, S. 13).

[8]§ 41 SGB VIII Hilfe für junge Volljährige, Nachbetreuung „solange die Hilfe aufgrund der individuellen Situation des jungen Menschen notwendig ist".

dass unbegleitete minderjährige Geflüchtete wie auch begleitete minderjährige Geflüchtete dieselbe Behandlung wie inländische Kinder genießen, und zum anderen, dass weitere Rechtsvorschriften, wie das Asyl- und Aufenthaltsrecht, zunächst eingeschränkt sind.

Als kritischer Punkt in der Biografie junger Geflüchtete erweist sich der Eintritt in die Volljährigkeit. Freuen sich die meisten einheimischen Kinder über den Zugewinn neuer Freiheiten, nehmen bei vielen Geflüchteten Ängste zu, denn mit der Volljährigkeit endet zumeist auch das Betreuungsverhältnis im Rahmen der Kinder- und Jugendhilfe[9]. Das Ende der Betreuung kann gleichzeitig auch das Ende von Beziehungsverhältnissen bedeuten. Unbegleiteten minderjährigen Geflüchteten droht der Umzug aus Wohngruppen, hinein in Sammelunterkünfte. Im schlimmsten Fall wird eine Ausreiseverpflichtung in die Wege geleitet, weil der bestehende Schutz verloren geht. In Abhängigkeit von ihrem Aufenthaltsstatus gelten ab dato Asylbewerberleistungen nach Asylbewerberleistungsgesetz, kurz: AsylbLG, oder Leistungen durch das Jobcenter.

2015 wurden 1.091.894 Menschen registriert und insgesamt 441.899 Erstanträge gestellt, historisch betrachtet so viele wie nie zuvor (Bundesamt für Migration und Flüchtlinge 2016). Der Großteil der AntragstellerInnen ist unter 30 Jahre alt und männlich, etwa ein Drittel aller Geflüchteten sind minderjährig. Unklar ist weiterhin, wie viele weitere Anträge sich in der Warteschleife befinden. Da die globalen Krisen noch lange nicht gelöst sind, ist nicht auszuschließen, dass noch mehr Menschen in Deutschland nach Schutz und Sicherheit suchen werden.

Unabhängig davon, wie einzelne Asylentscheidungen ausfallen und wie viele Menschen noch kommen werden, gehen wir davon aus, dass ein Teil dieser Menschen auf lange Sicht in Deutschland bleiben wird. Im Gegensatz zum öffentlichen Diskurs lässt sich aus unserer Sicht noch lange nicht von einer *gescheiterten Integration* sprechen, da die Integration noch nicht einmal begonnen hat. Im Moment geht es in erster Linie darum, Ressourcen bereitzustellen, um die Aufnahme und Erstversorgung der Menschen zu gewährleisten.

Um unser Verständnis von Integration zu erläutern, werden wir das vierdimensionale Konzept von Hartmut Esser diskutieren, um daraus abgeleitete Handlungsempfehlungen für Politik und Praxis zu formulieren.

---

[9]Auch hier besteht die Möglichkeit der Anwendung des § 41 SGB VIII.

Was heißt Integration? – Zu den vier Ebenen der Integration

3

Nicht nur in der medialen Diskussion um Einwanderung und Flüchtlingspolitik werden in Deutschland grundlegende Dinge außer Acht gelassen, sondern auch in den hitzigen politischen Debatten auf der europäischen Ebene. Insbesondere wird hierzulande die Einwanderungsgeschichte der Bundesrepublik kaum reflektiert. So wurden in den 1960ern und Anfang der 1970er ausschließlich Arbeiterinnen und Arbeiter gesucht, die für einen begrenzten Zeitraum Tätigkeiten in Industrie und Bergbau ausüben sollten, um danach in ihre Heimatländer zurückzukehren. Unter diesen Vorzeichen fand eine Migration statt, die sich grundlegend von der Situation der Geflüchteten von heute unterscheidet.

Damals wurde bei der Zuwanderung weder auf Bildung noch auf Sprachkenntnisse geachtet, Dinge, die in der heutigen Geflüchtetendebatte immer wieder gefordert werden. Vielmehr sollten die Arbeitskräfte über körperliche Fitness und langjährige Erfahrung in praktischen Tätigkeiten verfügen. Die Zugewanderten wiederum verfolgten in erster Linie das Ziel, ihre ökonomische Lage zu verbessern, um später finanziell abgesichert in ihr Heimatland zurückzukehren. Beide Seiten – die deutsche Wirtschaft und die sogenannten Gastarbeiterinnen und Gastarbeiter – sahen ihre Erwartungen an die Zuwanderung erfüllt. Hierfür war es weder erforderlich sich kennenzulernen noch sich anzupassen. Von Integration sprach keiner, der Begriff war weitestgehend unbekannt. Vor allem Arbeiter aus der Türkei waren bei den Arbeitgebern sehr beliebt, da sie sich, im Gegensatz zu anderen, nicht gewerkschaftlich organisierten. Erst nach einer gewissen Zeit wurde deutlich, dass die Menschen hier sesshaft wurden und blieben. Trotz des wirtschaftlichen Strukturwandels und der steigenden Arbeitslosenzahlen hat es bis Ende der 1990er-Jahre gedauert, bis sich die Erkenntnis durchgesetzt hatte, dass Deutschland ein Einwanderungsland ist, auch wenn kein Einwanderungsgesetz existiert. Im Gegensatz zu heute lag in den 1970er-Jahren eine

© Springer Fachmedien Wiesbaden GmbH 2017

A. Toprak und G. Weitzel, *Deutschland das Einwanderungsland,*
essentials, DOI 10.1007/978-3-658-15912-2_3

Win-win-Situation vor: Der Mangel an Arbeitskräften konnte abgebaut und die wirtschaftliche Entwicklung vorangetrieben werden. Die einheimischen Arbeitnehmer konnten wegen der Gastarbeiter sozial aufsteigen, auch weil durch die Bildungsexpansion höhere Positionen praktisch ausschließlich mit deutschen Arbeitskräften besetzt wurden. Gleichzeitig konnten auch die Zuwanderer ihre wirtschaftliche Situation verbessern.

Das entscheidende Problem, dem man sich heute stellen muss, ist nicht primär die Einwanderungspolitik, sondern vielmehr der Umgang mit den bereits Eingewanderten. Denn alles, was man aus Staaten mit einer erfolgreicheren Integrationspolitik lernen kann, bezieht sich auf den Anfang der Einwanderung. Länder wie Kanada oder die skandinavischen Staaten haben die Einwanderung und später auch die Einbürgerung mit hohen Anforderungen verknüpft: u. a. ein gewisses Bildungsniveau, fundierte Sprachkenntnisse sowie Berufserfahrung und Einkommen bzw. Vermögen. Damit ist automatisch gewährleistet, dass die Menschen die Einwanderung mit einer gewissen Motivation verknüpfen. Gleichzeitig wurde großer Wert darauf gelegt, dass bereits die erste Generation gefördert wird. Solche präventiven Maßnahmen können und sollten in Deutschland eingeführt werden. Die Debatte um die Integration der Geflüchteten kann demnach als eine Chance gesehen werden, genau diese Weichen zu stellen. Allerdings kann mit einer veränderten Einwanderungspolitik nicht die Erwartung verbunden werden, die Problemlagen der mittlerweile in Deutschland etablierten Eingewanderten und teilweise auch Eingebürgerten zu bewältigen. Politische Entscheidungen wirken – wie man beispielsweise bei den Arbeitsmarktreformen der Agenda 2010 beobachten konnte – auch noch Jahrzehnte später nach. Die klassischen Einwanderungsländer sind ganz anders gestartet und haben dadurch eine Situation, wie sie sich in Deutschland heute darstellt, gar nicht erst aufkommen lassen. Die Verunsicherung im Umgang mit Migration und Geflüchteten, die heute die öffentliche, sehr emotional geführte Diskussion bestimmt, kann also auch darauf zurückgeführt werden, dass sich die deutsche Politik auf keine Best-Practice-Beispiele für die hier spezifischen Herausforderungen berufen kann. Häufig wird daher die erfolgreiche Assimilation der aus Osteuropa Zugewanderten angeführt. Allerdings wird dabei außer Acht gelassen, dass es sich zum einen um Nachbarländer und damit um eine kulturnahe Einwanderung handelt und dass sich zum anderen die wirtschaftliche und rechtliche Lage – und damit die Integration in den Arbeitsmarkt – vollkommen anders darstellte. Die Strukturen der Wirtschaft haben sich innerhalb weniger Jahrzehnte fundamental gewandelt: Durch Automatisierung, Rationalisierung und Globalisierung finden niedrig qualifizierte Arbeitnehmerinnen und Arbeitnehmer kaum noch Anschluss auf dem Arbeitsmarkt – das wird vor allem die niedrig qualifizierten Geflüchtete hart treffen.

In der aktuellen Debatte über Geflüchtete wird jetzt schon über nicht gelungene Integration diskutiert. Dabei hat, wie wir im Folgenden zeigen werden, bisher keine Integration stattgefunden. Integration lässt sich nach Esser (2000) in vier Teilbereiche untergliedern und erweist sich als langwieriger und komplexer Prozess.

Kulturelle Integration (soziale Werte und Sprache)
Strukturelle Integration (Arbeitsmarktintegration und Bildungsbeteiligung)
Soziale Integration (soziale Beziehungen)
Emotionale Integration (Identifikation der Individuen)

3.1   Kulturelle Integration: Soziale Werte und Sprache

Grundlegend für eine erfolgreiche Integration und Berufslaufbahn sind vor allem gute Sprachkompetenzen. Die Sprachkompetenzen der bereits länger hier lebenden muslimischen Familien sind in beiden Sprachen, also sowohl in der Mutter- bzw. Herkunftssprache als auch in Deutsch, häufig eingeschränkt und insbesondere in der dritten Generation erstaunlich schwach ausgeprägt. Dabei ist bereits die Anwendung der Muttersprache der Eltern vom Stil und Wortschatz her sehr milieuspezifisch und häufig „überaltert", sodass die Familien und ganz besonders die Nachkommen in ihrem Herkunftsland sprachlich auffallen. Die in Deutschland gesprochene Muttersprache hat sich von der Sprache des Herkunftslandes abgekoppelt und sich nicht im selben Maße weiterentwickelt. Zum einen weil im Rahmen der Arbeitsmigration tendenziell eher wenig gebildete Menschen auswanderten, zum anderen weil sprachliche Entwicklungen nicht den Weg in die neue Heimat gefunden haben. Das gilt für die verschiedenen Ausprägungen der arabischen Sprache, wie sie von Libanesen, Syrern, Irakern, Ägyptern, Tunesiern, Marokkanern usw. gesprochen wird, in vergleichbarer Weise.

Das Erlernen der deutschen Sprache fällt besonders schwer, wenn man sie nicht früh als Muttersprache erlernt oder wenn man die eigene Muttersprache – also Türkisch oder Arabisch – nicht gut beherrscht (Reich und Roth 2002). Im Umkehrschluss heißt das, dass Geflüchtete, die ihre Muttersprache gut beherrschen, auch schneller eine andere Sprache – in diesem Falle Deutsch – erlernen werden. Segregation in bestimmte Stadtteile und Separation in Flüchtlingsunterkünfte verstärken sprachliche Defizite weiter. Die Tatsache, dass der Alltag im Stadtteil bzw. in der Flüchtlingsunterkunft mit mäßigen Deutschkenntnissen problemlos bewältigt werden kann, senkt dauerhaft die Motivation, die Sprachkompetenzen zu erweitern. Deshalb sind Sammelunterkünfte für Geflüchtete kein idealer Ort, um angemessen die deutsche Sprache zu erlernen. Die Motivation,

Deutsch zu lernen, sinkt, wenn ich in meiner Umgebung – hier der Flüchtlingsunterkunft – in meiner Muttersprache kommunizieren kann. Gerade bei Jugendlichen besteht ein Zusammenhang zwischen Sprache und sozialem Verhalten. Durch sprachliche Schwächen sind beispielsweise Jugendliche mit Migrationshintergrund häufig nicht in der Lage, Konflikte kommunikativ auszutragen. Die meisten Konflikte entwickeln sich aufgrund von Missverständnissen, Missdeutungen und fehlender kommunikativer Fähigkeiten (Baier und Pfeiffer 2011). Ein Zusammenhang zwischen gewalttätigem Verhalten und Schulbildung bei Jugendlichen mit Migrationshintergrund stellt auch die Untersuchung von Toprak und Nowacki (2012) fest. Hier wurden 228 Jugendliche türkischer, arabischer und albanischer Herkunft betrachtet, die ein Anti-Aggressivitäts-Training bei der Arbeiterwohlfahrt München besucht haben: Die Hälfte der Jugendlichen hatte keinen Hauptschulabschluss, von den Hauptschulabsolventen befanden sich zum Zeitpunkt des Trainings viele nicht in einer Berufsausbildung.

Im Zusammenhang mit geringen Sprachkenntnissen und städtischer Segregation wird häufig von Parallelgesellschaften gesprochen. Oft wird die mangelnde kulturelle Integration am Symbol des Kopftuchs festgemacht. Dabei wird übersehen, dass nur eine Minderheit der muslimischen Frauen ein Kopftuch trägt und die Tendenz sinkt (Haug et al. 2009). Ebenfalls ist festzustellen, dass die meisten Mädchen am Sport- und Schwimmunterricht teilnehmen. Hier liegen also keine umfassenden Problemlagen vor. Dennoch werden die genannten Aspekte, insbesondere die sozialen und religiösen Werte, in den folgenden Kapiteln ausführlich dargestellt. Im Zuge der Ereignisse in der Silvesternacht in Köln und anderen Städten stehen unterschiedliche Werte und Normen um Geschlechterrollen und Sexualmoral der Geflüchteten im Fokus der öffentlichen Debatte. Hier wird diskutiert, inwiefern männliche Geflüchtete die sozialen Werte und Normen in Deutschland annehmen und in ihren Alltag adaptieren können (Toprak 2016).

3.2 Strukturelle Integration: Arbeitsmarkt und Bildungssystem

Erwerbsarbeit ist zweifelsfrei eine der wichtigsten Dimensionen im Leben eines Menschen. Nur über einen Arbeitsplatz kann gewährleistet werden, dass ein Mensch über ökonomisches Kapital verfügt, welches den materiellen Ausgangspunkt für Flexibilität und Selbstbestimmtheit darstellt. Ein Arbeitsplatz kann als Grundlage für Einkommen entsprechend auch als notwendigster Aspekt der Sozialintegration verstanden werden. Zudem kann Erwerbsarbeit auch sinnstiftend wirken und einer Person einen sozialen Status verleihen. In umfassender Form kann über einen Beruf Anerkennung erlangt und Selbstwertgefühl entwickelt werden. Nicht zu unterschätzen ist die Tatsache, dass im Erwachsenenalter der berufliche Kontext eine wichtige Rolle beim Knüpfen und Aufrechterhalten sozialer Kontakte spielt.

Entsprechend konnte die erste Generation der sogenannten Gastarbeiter trotz relativ schlechter Sprachkenntnisse eine beträchtliche Integrationsleistung vollbringen. Sie konnten ihre Lebensverhältnisse durch die Migration insgesamt verbessern und eine sichere Existenz aufbauen. Die Erwerbsarbeit ermöglichte es ihnen zudem, finanzielle Mittel in ihre Heimatländer zu transferieren und dadurch auch von der Verwandtschaft im Herkunftsland Anerkennung und Respekt zu erlangen. Dies bleibt den Geflüchteten zunächst vorenthalten. Wenn ihnen der legale Weg in den Arbeitsmarkt verwehrt bleibt, werden einige einer illegalen Erwerbstätigkeit nachgehen, um ihre Situation zu verbessern bzw. die Flucht als Erfolg zu verbuchen. Insgesamt lässt sich festhalten, dass die berufliche Integration muslimischer Jugendlicher und junger Erwachsener nur sehr bedingt gelingt und zweifelsfrei ein großes Handlungsfeld politischer und pädagogischer Anstrengungen darstellt. Auf der einen Seite werden hierfür Diskriminierungseffekte herangeführt, beispielsweise bei der Personalauswahl für einen Ausbildungs- oder Arbeitsplatz, auf der anderen Seite aber auch die fehlenden formalen schulischen Voraussetzungen.

Für die dauerhafte Integration in Deutschland ist das Bildungssystem von besonderer Bedeutung. Dies gilt in allen modernen Gesellschaften, da die Integration auf dem Arbeitsmarkt hauptsächlich über Bildungsabschlüsse und Sprachkenntnisse erfolgt. Aufgrund struktureller Veränderungen in der Wirtschaft stehen genau jene Arbeitsplätze, die die erste Generation der Einwanderer bekleiden konnte, nicht mehr zur Verfügung. Es werden insbesondere Fachkräfte und Hochqualifizierte gesucht. Daher besteht in manchen Bereichen ein Arbeitskräftemangel, der durch die Arbeit suchenden, niedrig qualifizierten Menschen nicht abgedeckt werden kann. Die Bildungsexpansion in der zweiten Hälfte des 20. Jahrhunderts hat zudem dazu geführt, dass der Wert von Abschlüssen gesunken ist. Ein Hauptschulabschluss reicht in den meisten Fällen nicht mehr aus, um einen Beruf zu erlernen und sich dauerhaft „beschäftigungsfähig" zu halten.

Auch wenn in verschiedenen Studien eine hohe Bildungsaspiration bei Eltern mit Migrationshintergrund nachgewiesen werden konnte (beispielsweise Dollmann 2010), spiegelt sich die hohe Bedeutungszuschreibung nicht in der tatsächlichen Bildungsbeteiligung wider. Dies liegt u. a. daran, dass der Bildungswunsch kaum durch unterstützende Handlungen flankiert wird und sich an einem funktionalen Bildungsbegriff orientiert. Es handelt sich also „lediglich" um einen funktionalen Wunsch. Anders als Geld zeichnet sich die „Währung Bildung" dadurch aus, dass sie nicht von allen Menschen in gleicher Weise wertgeschätzt wird. Nach Geld und Eigentum streben mehr oder weniger alle, nach Bildung nur wenige – schon gar nicht als Selbstzweck. Oder anders ausgedrückt: Nach Geld streben insbesondere jene, die wenig oder keines haben; Bildung kann hingegen nur von jenen umfassend wertgeschätzt werden, die über Bildung verfügen. Die Währung Bildung kann also nicht vollständig funktionalisiert werden. Denn die Motivation, Kompetenzen zu entwickeln, nur um später einen Beruf zu erlernen, ist denkbar ungünstig und entspricht nicht der in Deutschland üblichen Vorstellung von Allgemeinbildung. Bildung beinhaltet immer auch Bildung als Selbstzweck bzw. Bildung, „weil Bildung einfach gut ist". Die funktionale Haltung gegenüber Schule und Bildung entwickelt sich bereits in der Familie und in frühen Netzwerken.

In Bezug auf Geflüchtete ist anzunehmen, dass ähnliche Tendenzen vorhanden sind. Hier bedarf es einer genaueren Analyse, um später passgenaue Konzepte zu entwickeln. Die dazugehörigen Ansätze werden im Kapitel drei unter Handlungsempfehlungen angedeutet.

3.3 Soziale Integration: Netzwerke, Freundschaften, Partnerschaft

Die soziale Integration bezeichnet die sozialen Kontakte der Zuwanderer. Hier steht also im Vordergrund, inwieweit es zu einer sozialen Durchmischung kommt. Dabei interessiert insbesondere, ob Partnerschaften, Eheschließungen, Freundschaften und Netzwerke ausschließlich innerhalb der ethnischen oder religiösen Community oder auch interkulturell und interreligiös geschlossen werden. Die Voraussetzungen dafür sind aufgrund der Unterbringung der Geflüchteten aktuell sehr ungünstig, da sie keine Gelegenheit haben, Einheimische kennenzulernen. Diese Form der Integration ist besonders deshalb von Bedeutung, weil die sozialen Kontakte als soziales Kapital dienen können, beispielsweise als Unterstützung bei der Arbeitsplatzsuche, als implizite Hilfe bei der sprachlichen Lernentwicklung (auch der Kinder) und insbesondere auch bei der Etablierung sozialer Normen und Werte. Dieser Bereich ist sehr schwer politisch zu beeinflussen, denn es handelt sich um individuelle Dispositionen.

Bei der Wahl des Wohnortes bevorzugen 80 % der Migranten Städte, die mindestens eine Einwohnerzahl von 100.000 aufweisen (Beauftragter der Bundesregierung 2002, 2007 und 2102). Die Untersuchungsergebnisse der Bundesregierung zeigen, dass die großen Ballungszentren in den alten Bundesländern einen mehr als doppelt so hohen Migrantenanteil aufweisen als die ländlichen Räume. Die gemeinten Gebiete haben einen niedrigen Sozialstatus und sind für die deutsche Bevölkerungsgruppe häufig unattraktiv. Auch die Wohnungssuche für muslimische Familien erweist sich häufig als schwieriges Unterfangen, besonders wenn es sich um kinderreiche Familien handelt. Dies zeigt sich bereits bei Geflüchteten oder anerkannten Asylbewerbern, die auf dem freien Markt angemessenen Wohnraum suchen. Geflüchtete zieht es zumeist in Quartiere, teilweise ganze Stadtteile, deren Erscheinungsbild durch Deindustrialisierung und Einwanderung geprägt ist.

Sobald diese Entwicklung begonnen hat, entsteht eine beschleunigte Eigendynamik: Wohlhabende verlassen diese Wohngebiete, die Mietpreise sinken, dadurch kommen immer mehr einkommensschwache und Migrantenfamilien hinzu und zuletzt entwickelt sich eine spezifische Gewerbestruktur, die auf diese Wohnbevölkerung zugeschnitten ist, wodurch diese Entwicklungen manifestiert werden. Insbesondere Banken reagieren auf diese Veränderungen, indem sie türkisch und arabisch sprechende Auszubildende und Mitarbeiter einstellen, was einerseits für viele Jugendliche die Möglichkeit eröffnet, bei einer Bank beschäftigt zu werden, was andererseits aber auch dazu führt, dass die deutsche Sprache in diesen Straßenzügen enorm an Bedeutung verliert – selbst bei Bankbesuchen ist es dann nicht mehr notwendig, deutsch zu sprechen. Es entstehen segregierte Stadtgebiete, die die öffentlichen Institutionen vor neue Herausforderungen stellen. Aufgrund einer konzentrierten Unterbringung von Geflüchteten in bestimmten Stadtteilen besteht die Gefahr, dass Sozialräume entstehen, die im öffentlichen Diskurs als Parallelgesellschaften gekennzeichnet werden, wie kürzlich in der Stadt Essen geschehen: hier haben die Lokalpolitiker öffentlich geklagt, dass die Stadt überfordert sei, so viele Geflüchtete – in bestimmten belasteten Stadtteilen – unterzubringen.

Die sozioökonomische Differenzierung der Bevölkerung wird also durch eine kulturelle zusätzlich verschärft. Die zunehmende städtische Segregation hat dazu geführt, dass sich in bestimmten Stadtteilen junge Männer mit Zuwanderungsgeschichte konzentrieren, die kaum Kontakt zur Mehrheitsgesellschaft aufbauen können. Dies gilt auch deshalb, weil die Kinderbetreuungseinrichtungen und Schulen überwiegend eine stadtteilspezifische Kinder- und Schülerstruktur aufweisen und zudem durch die Schulformen die soziale Herkunft der Kinder und Jugendlichen relativ homogen gehalten wird.

3.4   Emotionale Integration: Identität(en)

Die drei genannten Bereiche laufen in der letzten Ebene der Integration zusammen: die emotionale Integration. Sie ist nicht direkt beeinflussbar, sondern leitet sich vielmehr davon ab, inwieweit man sich mit Deutschland oder mit dem Wohnort identifiziert. Es ist leicht nachvollziehbar, dass man sich als gut gebildeter Mensch, der perfekt Deutsch spricht, einen guten Arbeitsplatz hat und viele bzw. intensive soziale Beziehungen zu Deutschen pflegt, eher mit Deutschland identifizieren kann. Allerdings muss ebenso erwähnt werden, dass die Möglichkeit, sich mit Deutschland zu identifizieren, auch mit der Mehrheitsgesellschaft zusammenhängt. Es wird auch sehr gut integrierten muslimischen Menschen nicht leicht gemacht, sich dazugehörig zu fühlen. Die emotionale Integration ist also gewissermaßen die Königsdisziplin: Sie ist komplex, beruht auf Subjektivität und ist nicht mit Kausalität erklärbar, sie entwickelt sich langfristig und ist auch von äußeren Einflussfaktoren abhängig, u. a. davon, wie Geflüchtete von der Mehrheitsgesellschaft aufgenommen werden.

In der Migrationsforschung wird häufig von einem Zustand „zwischen den Stühlen" gesprochen. Gemeint ist hiermit, dass sich Migranten weder zu der einen noch zu der anderen nationalen bzw. kulturellen Identität zugehörig fühlen. Dieser problembehaftete Befund liegt im Kern darin begründet, dass man deutliche Differenzerfahrungen im Herkunftsland der Eltern sowie in der deutschen Mehrheitsgesellschaft macht und erkennt. Die Tatsache, dass man sich nicht als Deutscher und nicht als Türke bzw. Syrer fühlt, kann allerdings auch mit der Metapher des „dritten Stuhls" interpretiert werden (Badawia 2002). Damit wird eine hybride Identität umschrieben.

Diese dritte Identität ist eine Herausforderung, da viele Syntheseleistungen des Ichs selbstständig entwickelt werden müssen, und gleichzeitig eine große Chance, da die Widerstandsfähigkeit des Jugendlichen gestärkt wird und der erweiterte Erfahrungsschatz eine enorme Ressource darstellen kann. Die international ausgerichtete Wirtschaft hat mit der Strategie des Diversity Managements bereits darauf reagiert. Die beschleunigte Dynamik und Prozesshaftigkeit dieser hybriden Identitäten, nämlich weder deutsch noch ausländisch zu sein und trotzdem beides zugleich, führen unweigerlich zu komplexen Anforderungen an die Heranwachsenden. Deutschen fällt es bereits schwer zu erläutern, was Deutschsein bedeutet. Entsprechend stehen Migrantenjugendliche vor einer doppelten Herausforderung, da sie zwar ein Mehr an Möglichkeiten der Identitätsbildung haben, allerdings auch ein Weniger an Orientierung. Mit Blick auf die zweite und dritte Migrantengeneration lässt sich feststellen, dass es einem Teil der Jugendlichen schwerfällt, hybride Zugehörigkeiten miteinander zu vereinbaren. Unter anderem auch durch ein Fehlen angemessener Rollenvorbilder.

Vor diesem Hintergrund ist das Phänomen zu verstehen, dass sich die Jugendlichen in Deutschland selbst als Türken bzw. Araber sehen. Dabei ist ihr Referenzpunkt nicht das tatsächliche Heimatland ihrer Eltern – darüber wissen sie in der Regel relativ wenig –, sondern vielmehr eine Vorstellung, ein Narrativ desselben. Es wird gewissermaßen eine Wunschvorstellung der eigenen Herkunft aufrechterhalten, was psychologisch betrachtet durchaus funktional ist. Fühlt man sich nicht zugehörig, gleichberechtigt oder erwünscht, dann werden Vorstellungen entwickelt, die es erleichtern, mit diesem subjektiv wahrgenommenen Zustand zu leben. Zu einem Problem wird dies, wenn die ersten Erfahrungen mit dem Heimatland der Eltern gemacht werden. Beispielsweise werden die Türkeistämmigen Jugendlichen aus Deutschland in der Türkei als „Deutschländer" bezeichnet und damit wird eine deutliche Abgrenzung konstruiert. Ähnlich ist auch die häufig beobachtbare Selbstbeschreibung als Muslim zu interpretieren. Die Jugendlichen suchen in dieser Kategorie ein Definitionskriterium, das Orientierung bietet – allerdings auch hier nachweislich ohne die Religion hinreichend zu kennen. Das Gefühl, irgendwo dazuzugehören, ist bei allen Jugendlichen stark ausgeprägt. In den prekären Verhältnissen, in denen sich viele muslimische Jugendliche in Deutschland befinden, ist eine solch „einfache" und zugleich Orientierung stiftende Identitätsarbeit durchaus rational. Es muss gewissermaßen ein eigenes Milieu geschaffen werden, ein Lebensraum, der sich weder strikt an der Herkunftsgesellschaft oder der Lebensweise der Eltern noch an der Mehrheitsgesellschaft orientiert. Im Zuge der Flüchtlingseinwanderung stehen wir vor der gesamtgesellschaftlichen Aufgabe, eine Willkommenskultur zu etablieren (siehe Kap. 4). Der Auftrag der Politik, Gesellschaft und Sozialen Arbeit wird darin bestehen, angemessene Aushandlungsräume für die Entwicklung junger Geflüchtete bereitzustellen.

3.5   Zusammenfassung

Zweifelsfrei hängen die skizzierten Ebenen der Integration miteinander zusammen. Allerdings sollte deutlich geworden sein, dass sie weder unveränderbar sind noch von allein im Laufe der Zeit in eine zufriedenstellende Position münden. Arbeitsmarkt-, Bildungs- und Sozialpolitik können durchaus erfolgreich sein, insbesondere dann, wenn sie im „kleinen Raum" auf der Kommunalebene zusammengedacht werden. Dabei wird mittlerweile von allen politischen Akteuren erkannt, dass Sprache und Bildung die Schlüsselpositionen und damit Bildungsinstitutionen die zentralen Instanzen einer dauerhaften Integration darstellen. Denn Menschen streben nach Anerkennung. Anerkennung wiederum wird insbesondere über Erwerbsarbeit und in sozialen Beziehungen ermöglicht. Diese beiden Bereiche sind in besonderer Weise von der individuellen Sprachkompetenz und vom individuellen Bildungsniveau abhängig. Dort, wo man als Mensch anerkannt wird, fühlt man sich auch zugehörig, somit kann die emotionale Identifikation mit einer Nation oder einer Kultur erst am Ende dieser Entwicklung stehen. Dies ist in der aktuellen Situation der Geflüchteten noch nicht annähernd erfolgt. Die Unzufriedenheit unter den Geflüchteten wird größer, wenn die Bedingungen und die Perspektiven nicht verbessert werden. Vor allem junge Menschen brauchen Struktur und Orientierung, um kurzfristig ihren Alltag und langfristig ihre Lebensplanung besser gestalten zu können.

Handlungsempfehlungen 4

Im Kapitel zwei konnte aufgezeigt werden, dass Integration ein komplexer Prozess ist und nur mit gezielten Maßnahmen mittel- bis langfristig gelingen kann. Integration ist darüber hinaus ein offener Prozess, der sowohl den Geflüchteten/Migranten als auch der Mehrheitsgesellschaft große Anstrengung und Veränderungen abverlangt. Dementsprechend sind die Handlungsempfehlungen mannigfaltig und differenziert. Es sei an dieser Stelle angemerkt, dass diese Handlungsempfehlungen nicht auf politischer, finanzieller und rechtlicher Plausibilität und Umsetzbarkeit beruhen, sondern auf der Theorie der Integration, wie sie im Kapitel zwei vorgestellt wurde. Um nachvollziehen zu können, welche Maßnahme welche Integrationsdimension fördert, werden die Handlungsempfehlungen der jeweiligen Integrationsebene – wenn möglich – zugeordnet.

Willkommenskultur – Deutschland, das Einwanderungsland (alle vier Ebenen der Integration)
Obwohl laut Mikrozensus in Deutschland 16,3 Mio. Menschen einen sogenannten Migrationshintergrund haben, im Jahre 2015 ca. 1,1 Mio. Menschen ins Bundesgebiet kamen und Deutschland ein Einwanderungsland war, ist und weiterhin sein wird, erkennen längst nicht alle an, dass Migrantinnen und Migranten eine Ressource darstellen. Auch wenn mit dem neuen Zuwanderungsgesetz aus dem Jahre 2005 erstmalig Integrations- und Deutschkurse für Neuzuwanderer implementiert sind, seit vielen Jahren der Integrationsgipfel im Kanzleramt tagt und Muslime und das Innenministerium seit drei Legislaturperioden unter dem Titel „Deutsche Islam Konferenz" debattieren, werden Migrantinnen und Migranten doch vielfach als rückschrittlich und defizitär oder als „Ausbeuter" der Sozialsysteme dargestellt, wie jüngst die Sinti und Roma oder teilweise bei Geflüchteten aus Kriegs- und Krisengebieten.

© Springer Fachmedien Wiesbaden GmbH 2017
A. Toprak und G. Weitzel, *Deutschland das Einwanderungsland,*
essentials, DOI 10.1007/978-3-658-15912-2_4

Dieses aktuelle Beispiel zeigt, dass auf Kosten der Migranten Wahlkampf betrieben und Stimmung gemacht wird. Mit Ausgrenzung, Abschottung oder Schuldzuschreibungen wird Deutschland seiner Rolle als modernes, weltoffenes und demokratisches Industrieland nicht gerecht. Vielmehr muss die Anerkennung der Geflüchteten und ihrer Ressourcen in den Mittelpunkt gestellt werden. Wenn eine echte Partizipation am Schul- und Ausbildungssystem, an der Arbeitswelt und an der Gesellschaft nicht optimal erfolgt, ist der Rückzug in die eigene Community oder das eigene Milieu unausweichlich. Hier finden viele die Anerkennung, die ihnen in der Mehrheitsgesellschaft versagt bleibt. Die weitgehend destruktive politische und öffentliche Stimmung und die Benachteiligung beim Zugang zu Grundressourcen können dahin gehend gedeutet werden, dass Geflüchtete nicht willkommen sind und von der westlichen Gesellschaft als Belastung empfunden werden. Deutschland ist faktisch ein Einwanderungsland und es muss diese Rolle aktiv annehmen und sozialpolitisch konstruktiv gestalten!

Dezentrale Unterbringung, um Parallelstrukturen vorzubeugen (soziale Integration)

In der Regel werden Geflüchtete – die Ausnahme bilden unbegleitete minderjährige Jugendliche – in großen Sammelunterkünften untergebracht. Die Menschen haben dort wenig Platz und die Intimsphäre ist stark eingeschränkt. Da sie darüber hinaus wenig Tagesstruktur haben, sind Langeweile, Frustration und Konflikte eine unvermeidbare Folgeerscheinung. Um einerseits Konflikten vorzubeugen und andererseits Parallelstrukturen und Segregation, wie zum Beispiel in den Schulen, Kindertagesstätten oder Jugendhilfeeinrichtungen, zu vermeiden, ist es zu empfehlen, Geflüchtete dezentral – in Wohnungen – unterzubringen. Bei der dezentralen Unterbringung ist darauf zu achten, die Verteilung auf das gesamte Stadtgebiet auszudehnen. Denn die Konzentration auf bestimmte Stadtteile lässt schnell Parallelstrukturen mit eigenen Werten und Normen entstehen.

Familienzusammenführung und zügige Entscheidungen im Asylverfahren (soziale und strukturelle Integration)

Die Bundesregierung hat kürzlich beschlossen, dass die Familienzusammenführung bei Geflüchteten erschwert werden soll. Wenn es mit der Integration der Geflüchteten ernst gemeint ist, ist dieser Beschluss kontraproduktiv. Vor allem für minderjährige unbegleitete Geflüchtete ist es von großer Bedeutung, mit ihren Eltern aufzuwachsen, um sich sozial und emotional weiterzuentwickeln. Vielfach sind sie – durch die Ereignisse im Heimatland oder durch die Reise nach Deutschland – traumatisiert. Die Familie kann hier Halt und Unterstützung bieten.

Es wird dringend empfohlen, Menschen, die eine gute Bleibeperspektive haben, den Zuzug von Familienangehörigen zu ermöglichen. Menschen mit schlechter Bleibeperspektive müssen sehr schnell erfahren, dass sie nicht bleiben können. Das heißt, die Asylverfahren müssen viel schneller entschieden werden, um Menschen eine Perspektive – sei es positiv oder negativ – aufzuzeigen.

Zugang zu Deutschkursen (kulturelle und soziale Integration)
Es wird bereits jetzt politisch diskutiert, dass Geflüchtete, die das Erlernen der deutschen Sprache verweigern, sanktioniert werden sollen. Die Vorschläge dazu sind vielfältig: Beschränkung des Aufenthaltsrecht oder Kürzung der Sozialleistungen sind nur zwei, die hier exemplarisch erwähnt werden sollen. Es ist eher Tatsache, dass nicht ausreichend Deutschkursangebote gemacht werden können, weil einerseits die dafür notwendigen Mittel nicht im gesamten Bundesgebiet zur Verfügung gestellt werden (können). Und andererseits konnten nicht alle Geflüchtete aus dem Jahre 2015 registriert werden, um zu eruieren, welchen Umfang die Angebotsstruktur haben soll. Außerdem ist es logistisch (fehlende Räume oder Lehrkräfte) nicht immer kurzfristig und flächendeckend möglich, Deutschkurse anzubieten. Vor allem der Zielgruppe der 15- bis 25-Jährigen soll der Zugang zu Deutschkursen so zügig wie möglich eröffnet werden, weil sie sich im Ausbildungsalter befinden. Dadurch können die jungen Menschen schneller in das duale Ausbildungssystem integriert werden.

Etablierung und Ausbau von Integrationskursen (kulturelle Integration)
Auch wenn die Kosten dafür als zu hoch angesehen werden können, empfehlen die Autoren dieser Expertise, die Etablierung der Integrationskurse von Deutschkursen zu trennen. Einerseits würde diese Trennung den Stellenwert der Integration erhöhen. Andererseits werden Integrationsmaßnahmen besser verstanden, wenn die Teilnehmerinnen und Teilnehmer bereits Deutsch gelernt haben, denn der Integrationskurs soll erst nach dem Besuch des Sprachkurses erfolgen. Neben den gängigen Inhalten – die deutsche Gesellschaftsordnung, Demokratieverständnis etc. – sollen folgende Themen in den Integrationskursen behandelt werden:
Geschlechterrollen und Sexualität: In konservativen und bildungsbenachteiligten Familien unter den Geflüchteten ist Sexualität ein absolutes Tabuthema. Die Eltern sind unsicher, wie sie mit ihren Kindern angemessen darüber reden sollen. Die elterliche Unsicherheit zeigt, dass im Kontext von Sexualität Scham eine zentrale Rolle spielt. Wenn Sexualität ein Thema ist, dann ist es peinlich, weil diese in der Alltagssprache der Familie nicht bzw. selten vorkommt. Die Tabuisierung trägt dazu bei, dass sich in erster Linie bei Männern – aber auch bei Frauen – eine verfälschte und überholte Einstellung zur Sexualität und zu den

Geschlechterrollen verfestigt, wie z. B. in der Silvesternacht in Köln und anderen großen deutschen Städten in extremer Form sichtbar wurde. Die Teilnahme an Sport-, Sexual- und Schwimmunterricht hat mit der Besonderheit einer bestimmten Kultur oder Religion nichts zu tun, wie die Studie von Haug aus dem Jahre 2009 feststellt. Demnach erlaubt der Großteil der etablierten muslimischen Eltern ihren Kindern die Teilnahme am Schwimm-, Sexual- und Sportunterricht, obwohl sie gläubige Musliminnen und Muslime sind. Deshalb ist davon auszugehen, dass das Interesse an Sexualität und der Reflexion der Geschlechterrollen auch bei jungen Geflüchteten vorhanden ist, wenn die angemessene Methode angewendet wird.

Stärkung der sozialen Kompetenzen Bei gewalttätigen und gewaltbereiten jungen Menschen – analog zu den Ereignissen in Köln – fehlen in erster Linie die sogenannten Grundkompetenzen, wie zum Beispiel die sozialen, kommunikativen, kooperativen und konfrontativen Kompetenzen. Um diese Kompetenzen zu stärken und andere Konfliktlösungsstrategien kennenzulernen, muss mit dieser Zielgruppe ein Soziale-Kompetenz-Training durchgeführt werden. In einem solchen Training wird beispielsweise mit Rollenspielen gearbeitet, um gewünschtes Verhalten modellhaft aufzuzeigen und prosoziales Verhalten zu verstärken. Empathisches Verstehen wird zum Beispiel durch die Konfrontation mit der Opferperspektive versucht zu fördern.

Reflexion der traditionellen Werte Wie die Praxis und wissenschaftlichen Untersuchungen belegen, operieren viele etablierte Jugendliche und junge Geflüchtete sehr stark mit traditionellen Männlichkeitsbildern. Diese sind z. B. Männlichkeit, Freundschaft oder Ehre. Wenn die Jungen und jungen Männer danach gefragt werden, welche Bedeutung diese Werte haben, können viele dazu keine Stellung beziehen. Die Begriffe werden unreflektiert übernommen, ohne sich z. B. mit dem tiefen Sinn der Ehre auseinandergesetzt zu haben. Damit die Jugendlichen diese Werte reflektieren und hinterfragen lernen, muss eingangs in den Integrationskursen und im Anschluss in der Schule, in Bildungseinrichtungen oder in der Jugendarbeit dieses Thema auf die Tagesordnung kommen. Dadurch können Pädagoginnen und Pädagogen und Jugendliche voneinander lernen und ihre Vorurteile reflektieren, revidieren oder infrage stellen.

Bessere Anerkennung von formellen und informellen Berufsabschlüssen (strukturelle Integration)
Viele junge Menschen flüchten abrupt aus ihren Herkunftsländern. Nur wenige von ihnen können ihre erworbenen formellen Abschlüsse nachweisen. Wenn sie aber ihre Abschlüsse nachweisen können, werden sie nicht äquivalent anerkannt, weil die Ausbildung für das deutsche Schul- und Ausbildungssystem als nicht vergleichbar eingestuft wird. Um die Abschlüsse besser anzuerkennen, müssen die Verfahren insgesamt vereinfacht werden und es muss innovativ vorgegangen werden. Eine bundesweite Zuständigkeit für die Anerkennung der Abschlüsse würde die Verfahren insgesamt beschleunigen und systematisieren.

Junge Geflüchtete bringen nicht nur formelle Abschlüsse mit, sondern auch informelles Wissen und „Abschlüsse", weil in den Herkunftsländern nicht alles zertifiziert wird. Das heißt, die Kompetenzen, die die Menschen mitbringen, können sie nicht „auf Papier" nachweisen. Eine Anerkennung im Zuge eines persönlichen Gespräches, das die Kompetenzen und das praktische Können in den Vordergrund stellt, ist hier dringend ratsam.

Anerkennung der informellen Bildung – Sprache und Kultur als Kapital (strukturelle und kulturelle Integration)
Vor allem junge Menschen sind in der Lage, sich an neue Situationen und Bedingungen anzupassen. Sie können viel schneller eine neue Sprache erlernen und effektiv interkulturell agieren. Durch das Beherrschen der Sprache und durch Kulturkenntnisse können junge Menschen als Mittler zwischen Geflüchteten und Mehrheitsgesellschaft agieren. Das heißt: Die vorhandenen Kultur- und Sprachkenntnisse der junge Geflüchteten müssen als Kapital bzw. Kompetenz wahrgenommen und genutzt werden.

Erteilung von Aufenthalts- und Arbeitserlaubnis (strukturelle Integration)
Um die Integration der Geflüchteten in die Arbeits- und Ausbildungswelt zu beschleunigen, ist es zu empfehlen, langfristige Arbeits- und Aufenthaltserlaubnisse zu erteilen. Denn die potenziellen Arbeitgeber achten bei der Vergabe einer Arbeits- und Ausbildungsstelle auf eine sichere und langfristige Aufenthalts- und Arbeitserlaubnis. Ist der Status unsicher, werden andere Bewerberinnen und Bewerber bevorzugt, auch wenn die Qualifikation der Person mit dem unsicheren Status hochwertiger ist.

Freizeit- und Sportangebote (soziale Integration)
Um die Tage besser zu strukturieren und mit Einheimischen in Kontakt zu tre-
ten, müssen die in Deutschland sehr gut ausgebauten Freizeit- und Sportangebote
auch für Geflüchtete geöffnet werden. Schwimmbadverbote für junge Männer,
die Anfang des Jahres öffentlich diskutiert wurden, oder sonstige restriktive Maßnahmen sind weniger integrationsfördernd. Vielmehr empfiehlt sich, die Zielgruppe bewusst anzusprechen und bestehende Angebote gezielt interkulturell zu
öffnen. Getrennte Öffnungszeiten in Schwimmbädern oder Sauna sind weniger
integrationsfördernd: Aufklärung in Bezug auf Regeln und Normen in solchen
Einrichtungen sind gewinnbringender als separate Angebote für Geflüchtete.

**Zügiger Zugang zu formalen und informellen Bildungseinrichtungen (struk-
turelle, kulturelle und soziale Integration)**
Vor allem für die Gruppe, die in dieser Expertise im Fokus steht, ist es von entscheidender Bedeutung, dass der Zugang zu formalen und informellen Bildungseinrichtungen beschleunigt werden muss. Auf der Homepage der Stadt Dortmund
– lediglich ein exemplarisches Beispiel – steht zwar „Sobald Flüchtlingskinder
einer Gemeinde zugewiesen beziehungsweise dort gemeldet sind, unterliegen sie
der Schulpflicht beziehungsweise haben einen Anspruch auf einen Kindergar-
tenplatz und OGS-Betreuung im Rahmen der gesetzlichen Regelungen" (http://
www.dortmund.de/de/leben_in_dortmund/nordwaerts/start_nordwaerts/index.
html). Bis aber die Kinder und Jugendlichen tatsächlich Zugang erhalten, dau-
ert es mehrere Monate. Da die jungen Erwachsenen (18- bis 25-Jährige) keinen
gesetzlichen Anspruch auf (formale) Schulbildung haben, müssen Programme
entwickelt werden, wie diese Zielgruppe besser in das Berufs- und Qualifikati-
onssystem integriert werden kann. Große Wohlfahrtseinrichten und die örtlichen
Volkshochschulen haben Erfahrungen und Kompetenzen, solche Angebote zu
machen, um die Zielgruppe effektiv zu qualifizieren.

**Interkulturelle Öffnung – Einbeziehung der Schlüsselpersonen und Koope-
ration mit Migrantenorganisationen (strukturelle und soziale Integration)**
Die Öffnung der Institutionen, wie z. B. Schule, Kindertagesstätten oder Jugendhilfeeinrichtungen, ist in Anbetracht der oben genannten Zahlen unausweichlich. Was
Interkulturelle Öffnung genau heißt, ist weniger bekannt, obwohl dieser Terminus
seit vielen Jahren verwendet wird. Hubertus Schröer definiert ihn wie folgt: „Interkulturelle Öffnung wird zusammenfassend verstanden als ein bewusst gestalteter
Prozess, der (selbst-)reflexive Lern- und Veränderungsprozesse von und zwischen
unterschiedlichen Menschen, Lebensweisen und Organisationsformen ermöglicht,
wodurch Zugangsbarrieren und Abgrenzungsmechanismen in den zu öffnenden

Organisationen abgebaut werden und Anerkennung ermöglicht wird" (Schröer 2005). Konkret bedeutet es, dass die Institutionen und Organisationen ihre Angebote an die sich verändernden Bevölkerungsgruppen anpassen müssen. Dass eine Öffnung nötig ist impliziert, dass die Institutionen geschlossen sind. Das heißt, sowohl aufseiten der Institutionen, aber auch seitens der Migranten gibt es Hemmnisse, Hindernisse und Vorbehalte. Um diese abzubauen, muss auf vier Ebenen angesetzt werden, damit die Interkulturelle Öffnung erreicht werden kann.

Organisations- und Leitungsebene Die Leitung ist von der Interkulturellen Öffnung überzeugt und treibt sie voran. Die Interkulturelle Öffnung wird beispielsweise in das Leitbild der Institution oder Organisation aufgenommen.

Personalebene Hier werden nicht nur die Mitarbeiter/Mitarbeiterinnen sensibilisiert und geschult, sondern es wird auch gezielt Personal mit Migrationshintergrund akquiriert. In Stellenausschreibungen wird Interesse an Menschen mit Migrationshintergrund signalisiert.

Die Angebotsstruktur Die Angebote sind niederschwellig und werden mehrsprachig beworben. Die Akzeptanz wird verbessert, indem die Milieus oder Stadtteile aufgesucht werden.

Kooperation mit Migrantenselbstorganisationen Die Partizipation und Expertise der Migrantenselbstorganisationen, wie Kultur- oder Moscheevereine, sind zwingend nötig, um eine gezielte und ganzheitliche Öffnung voranzutreiben.

Bezogen auf diese vier Ebenen kann konstatiert werden, dass die interkulturelle Öffnung in Deutschland noch „in den Kinderschuhen steckt". Beispielsweise ist das Interesse an interkulturellen Schulungen relativ gering und der Anteil an Personal mit Migrationshintergrund in Institutionen marginal.

Bürgerschaftliches Engagement (kulturelle und soziale Integration)
Sehr viele Menschen, die eine Flucht hinter sich haben, sind nicht nur gut ausgebildet, sondern auch engagiert. Aufgrund der langen Wartezeiten in Sammelunterkünften ist eine geordnete Tagesstruktur selten vorhanden. Vor allem gut ausgebildete und engagierte Geflüchtete müssen identifiziert werden, damit sie sich in den Asylbewerberunterkünften, in Migrantenselbstorganisationen (Kulturoder Moscheevereinen), in der Gemeindearbeit oder in Sportvereinen betätigen. Freiwilliges Engagement gibt den Menschen das Gefühl, gebraucht zu werden, dadurch haben sie eine bessere Tagesstruktur und sie können als Sprach- und Kulturvermittler fungieren.

Fazit – Sonderangebote für Migranten? 5

Die Angebote, die im Kinder- und Jugendhilfegesetz (KJHG) aufgeführt werden, reichen vollkommen aus. Die Angebote sind offen für alle Bevölkerungsschichten und können auch von Familien mit Migrationshintergrund in Anspruch genommen werden. Dies ist allerdings nur etablierten Migrantinnen und Migranten, wie im Fallbeispiel Ümit Kap. 1, möglich. Für *Anwar* und seine Familie – zweites Beispiel Kap. 1 – kamen diese Angebote nicht in Betracht, solange sie in Deutschland illegal lebten und auf den Ausgang des Asylverfahrens warteten. In einem Beitrag von Christine Kugler wird allerdings festgestellt, „dass bei einem Ausländeranteil von 12 % der 15–18-Jährigen […] bei der Sozialen Gruppenarbeit eine signifikante Überrepräsentanz und bei der Vollzeitpflege und der Heimerziehung eine signifikante Unterrepräsentanz der nichtdeutschen Jugendlichen festzustellen ist" (*Kugler* 2008, S. 44). An dieser Stelle müsste die Frage beantwortet werden, warum bestimmte Angebote wie zum Beispiel soziale Trainingskurse im Unterschied zu anderen wie beispielsweise der Heimerziehung sehr gut angenommen werden. Da soziale Trainingskurse in aller Regel ambulante Maßnahmen auf richterliche Weisung sind, werden sie eher angenommen, weil die betroffenen Jugendlichen und Heranwachsenden bei ihren Eltern bleiben und ein bis zwei Abendtermine bei einer Einrichtung wahrnehmen müssen. Angebote hingegen, die auf große Probleme in Familien deuten können und langfristig sind, werden von Migrantenfamilien vermieden. Denn eine Fremdunterbringung in einem Heim lässt den Eindruck entstehen, dass die Familie nicht intakt ist und muss daher verhindert werden. Auf der anderen Seite kann eine Heimunterbringung, der vom Heranwachsenden zugestimmt werden muss, einen Loyalitätsbruch gegenüber den Eltern bedeuten und darauf hinweisen, dass die Eltern nicht in der Lage sind, ihren Kindern die entscheidenden Werte und Normen zu vermitteln (s. Fallbeispiel Ümit).

© Springer Fachmedien Wiesbaden GmbH 2017   33
A. Toprak und G. Weitzel, *Deutschland das Einwanderungsland,*
essentials, DOI 10.1007/978-3-658-15912-2_5

Sobald die rechtliche Lage der Migrantinnen und Migranten geklärt ist, gibt es keine Unterschiede der pädagogischen Ansätze zwischen Etablierten und Neuzuwanderern, da Sprachbarrieren auch bei etablierten Familien durchaus häufig vorkommen. Mittlerweile gibt es zwar Ansätze, neu zugewanderte Migrantinnen und Migranten ansprechen, diese sind aber in der Regel an den Rechtsstatus der Zielgruppe gekoppelt. Beispielsweise richtet sich das Projekt „Die Förderung des sozialen Zusammenhalts durch Etablierung einer Willkommenskultur" das vom Bundesamt für Migration und Flüchtlinge gefördert wird, an Migrantinnen und Migranten, die eine dauerhafte Bleibeperspektive haben (Schünemann et al. 2014). Familien, die, wie im Fallbeispiel dargestellt, Asyl beantragen, gehören nicht zur Gruppe der politisch erwünschten Migrantinnen und Migranten (*Huber* 2014).

Was Sie aus diesem *essential* mitnehmen können

- Integration ist ein Prozess, der mit dem Ankommen von Geflüchteten erst langsam beginnt und noch lange nicht gescheitert ist.
- Obwohl die Integration von Geflüchteten, im Vergleich zur Arbeitsmigration der 1960er Jahre, unter veränderten Voraussetzungen stattfindet, zeigen sich dennoch Parallelen.
- Integration bedarf Strukturen, die einerseits vom Aufnahmeland bereitstellt werden müssen und die andererseits von den Geflüchteten angenommen werden müssen.

© Springer Fachmedien Wiesbaden GmbH 2017   35
A. Toprak und G. Weitzel, *Deutschland das Einwanderungsland*,
essentials, DOI 10.1007/978-3-658-15912-2

Literatur

Armbruster, M. (2006). *Eltern-AG Das Empowerment-Programm für mehr Elternkompetenz in Problemfamilien.* Heidelberg: Carl-Auer.

Badawia, T. (2002). *Der dritte Stuhl. Eine Grounded Theory-Studie zum Umgang bildungserfolgreicher Immigrantenjugendlicher mit kultureller Differenz.* Frankfurt a. M.: IKO.

Baier, D., & Pfeiffer, C. (2011). *Jugendliche als Opfer und Täter von Gewalt in Berlin (KFN-Forschungsbericht; Nr. 114).* Hannover: KFN.

Beauftragte der Bundesregierung für Migration, Flüchtlinge und Integration. (2012). *9. Bericht der Beauftragten der Bundesregierung für Migration, Flüchtlinge und Integration über die Lage der Ausländerinnen und Ausländer in Deutschland.* Berlin: Die bundesregierung.

Beck-Gernsheim, E. (2007). *Wir und die Anderen. Vom Blick der Deutschen auf Migranten und Minderheiten* (2. Aufl.). Frankfurt a. M.: Suhrkamp.

Berthold, T. (2014). In erster Linie Kinder. Flüchtlingskinder in Deutschland. Deutsches Komitee für UNICEF e. V. In *Auftrag gegeben beim Bundesfachverband Unbegleitete Minderjährige Flüchtlinge e. V.* Köln: UNICEF.

Braun, G., & Topan, A. (1998). *Internationale Migration. Ihre Folgen für die Ursprungsländer und Ansätze eines Migrationsregimes.* Sankt Augustin: Konrad-Adenauer-Stiftung.

BumF: Bundesfachverband für Unbegleitete Minderjährige Flüchtlinge: Junge Volljährige. http://www.b-umf.de/de/themen/junge-volljaehrige. Zugegriffen: 15. Febr. 2016.

Bundesamt für Migration und Flüchtlinge. (2016). http://www.bamf.de/SharedDocs/Meldungen/DE/2016/201610106-asylgeschaeftsstatistik-dezember.html. Zugegriffen: 3. Febr. 2016.

Dollmann, J. (2010). *Türkischstämmige Kinder am ersten Bildungsübergang. Primäre und sekundäre Herkunftseffekte.* Wiesbaden: Vs Verlag.

Esser, H. (2000). *Soziologie. Spezielle Grundlagen. Die Konstitution der Gesellschaft* (Bd. 2). Frankfurt a. M.: Campus.

Grundmann, M., et al. (2008). Bildung als Privileg und Fluch – Zum Zusammenhang zwischen lebensweltlichen und institutionalisierten Bildungsprozessen. In R. Becker & W. Lauterbach (Hrsg.), *Bildung als Privileg* (S. 47–74). Wiesbaden: Vs Verlag.

Haug, S., et al. (2009). *Muslimisches Leben in Deutschland. Bundesamt für Migration und Flüchtlinge.* Nürnberg: Bundesamt für Migration und Flüchtlinge.

© Springer Fachmedien Wiesbaden GmbH 2017

A. Toprak und G. Weitzel, *Deutschland das Einwanderungsland,* essentials, DOI 10.1007/978-3-658-15912-2

Heitmeyer, W., et al. (1995). *Gewalt. Schattenseiten der Individualisierung bei Jugendlichen aus unterschiedlichen Milieus*. Weinheim: Beltz Juventa.

Huber, B. (2014). Gute Migranten – schlechte Migranten. *Migration und Soziale. Arbeit 1, 36*, 4–9. Weinheim und Basel.

King, V. (2009). Aufstieg aus der bildungsfernen Familie? Anforderungen in Bildungskarrieren am Beispiel junger Männer mit Migrationshintergrund. In A. Henschel, R. Krüger, & W. Stenge (Hrsg.), *Jugendhilfe und Schule – Handbuch für eine gelingende Kooperation* (S. 333–346). Wiesbaden: Vs Verlag.

Kugler, C. (2008). Kinderschutz in Migrantenfamilien – ein Thema für die Jugendhilfe? In LWL-Landesjugendamt Westfalen (Hrsg.), *Jugendhilfe aktuell* (Bd. 2). Münster: Universitätsbibliothek.

Marzinzik, K., & Kluwe, S. (2007). Stärkung der Erziehungskompetenz durch Elternkurse: Zur Wirksamkeit und Reichweite des Elterntrainings STEP. *Prävention. Nr. 1, 29*, 79–82.

Meier-Braun, K.-H. (2015). *Einwanderung und Asyl. Wichtige Fragen*. Bonn: Bundeszentrale für politische Bildung.

Reich, H.-J., & Roth, H. (2002). *Spracherwerb zweisprachig aufwachsender Kinder und Jugendlicher. Ein Überblick über den Stand der nationalen und internationalen Forschung*. Hamburg: OECD.

Schröer, H. (2005). Interkulturelle Orientierung und Öffnung der Hilfen zur Erziehung. *Forum Erziehungshilfen. Nr. 1*, 14–19. Weinheim und Basel.

Schünemann, G., et al. (2014). Die Förderung des sozialen Zusammenhalts durch Etablierung einer Willkommenskultur. *Migration und Soziale Arbeit Nr. 1, 36*, 28–36. Weinheim und Basel.

Schubert, K., & Klein, M. (2011). *Das Politiklexikon. Begriffe, Fakten, Zusammenhänge. Lizenzausg., 5., aktualisierte und erw. Aufl.* Bonn: Bundeszentrale für politische Bildung.

Toprak, A. (14 Januar 2016). Woher kommt die Verachtung? Die Sache mit dem Sex. *Zeit, 3*, 5. Hamburg.

Toprak, A., & Nowacki, K. (2012). *Muslimische Jungen. Prinzen, Machos oder Verlierer? Ein Methodenhandbuch*. Freiburg i. Br.: Lambertus.